hito*yume book

新国語授業を変える「漢字指導」

漢字が
わかる！
漢字指導が
できる!!

明星大学教授
白石範孝

文溪堂

はじめに

A

B

どちらが「右」の字か、わかりますか？

上の文字は、「右」と「左」の一部分を取り出したものです。どちらが「右」で、どちらが「左」か、わかりますか。

ほとんど同じに見えるかもしれませんが、左側へのはらいの長さと向きが違っています。左側へのはらいがやや短く、外側へ向かっているAのほうが「右」の文字の一部です。

小さな違いかもしれませんが、この違いをきちんと教えることが、漢字指導の原点だと考えています。

「右」の「ナ」も「左」の「ナ」も、物の形を表した絵から生まれた部分で、次のページの図のように、自分から見た右手、左手がそのもととなっています。

それぞれの漢字の左側へのはらいは、同じように見えても、もとになっている部分が違うため、向きや長さ、筆順が違っているのです。

これら「右」と「左」の違いはよく知られた話ですし、漢字の成り立ちを教える際の題材として授業で使ったことのある先生もいらっしゃると思います。

しかし、これらのことを、「右・左」以外の漢字指導にどれだけ生かしているでしょうか。漢字の成り立ちを知ることは、漢字の意味や読み、形を知ることにつながります。また、形と筆順とは強く関係していますので、正しい筆順で書くことは、整った字を書くことにつながります。

ただし、ここでいう漢字の成り立ちとは、どんな絵や記号がもとになって漢字が成立したのか……ということにかぎりません。漢字には、絵がもとになった象形文字、記号がもとになった指事文字のほかに、会意文字や形声文字などがあります。

それらも含めて、どのような仕組みでその漢字ができているのかを知ることが大切なのです。

もちろん、授業の中で、全ての漢字についてこのように丁寧な解説をすることはできないかもしれません。しかし、子どもたちがまちがえやすい漢字や、他の漢字と関係の深い漢字についてだけでも取り上げて説明することで、子どもたちの漢字に対する理解が深まり、苦手意識ももたずにすむようになるのです。

自分から見た左手
自分から見た右手
手
手
腕
腕
赤の部分は手を表しています。
だから、短く、先に書くのです。
左
右
グレーの部分は腕を表しています。
だから、長く、あとに書くのです。

漢字を書けるようになり、読めるようになる方法を、具体的に指導していますか？

漢字にはさまざまな「仕組み」や「原理・原則」があります。漢字をまるごと教えるとは、漢字の成り立ちを踏まえながら、漢字の仕組みや原理・原則を教えるということです。それによって子どもたちは、漢字の意味を知り、読み、書き、使うことができるようになります。

しかし、実際の指導の場面では、イメージと感覚による漢字指導がまだまだ多く行われているように感じます。見本を提示して注意点を説明し、あとは「よく見て、丁寧に書くんだよ」と言うだけだとしたら、漢字を記号として教えているだけで、「漢字指導」などとはいえません。

「子どもたちが漢字を覚えない」「いくら指導しても同じところをまちがえる」といった悩みを多く聞きます。

そこで大切なことは、「漢字を覚えるためにはどのように学習する必要があるか」という具体的な方法であり、「同じところを何度もまちがえるのを防ぐためにはどうすればいいか」という具体的な手立てです。

もちろん、漢字指導だけが特別なのではありません。物語の中心人物の心情の変化を読み取る。説明文の要旨をまとめる。詩のおもしろさを感じたり、自分でも書いてみたりする。これらのことができるようになるためには、子どもたちはその具体的な方法を知らなくてはなりません。「物語を繰り返し何回も読めば、おのずと中心人物の心情の変化がわかるはず」というのであれば、国語の授業など不要だということになってしまいます。

漢字指導で、「よく見て、何回も練習して覚えなさい」というだけだとしたら、漢字を指導していることにはなりません。どうやったら漢字を覚えることができるのか、整った字を書くことができるようになるのか、ただ「練習しなさい」というだけの漢字指導から脱却することが大切なのです。

漢字を暗記させることが、漢字指導の目的ではありません

漢字指導についてもう一つ考えていただきたいことがあります。それは、漢字指導の目的です。漢字については、とかく「覚える」ことが目的のようにとらえてしまいがちです。

しかし、漢字を学ぶのは、漢字を書いたり、読んだりできるようになるため、つまり、漢字を使えるようになるためです。また、整った字を書くことも、漢字を「使う」ことと結びついています。文字を書くことについて抵抗を感じずにすむようになることや、誤読されるのを防ぐために大切なことです。

これらのことも含め、子どもたちが漢字を使えるようにすることが、漢字指導の目的だと考えています。決して、漢字を暗記させればいいというわけではないのです。

「国語は好きだけど漢字は苦手」という子どもは少なくありません。「漢字があるから国語は嫌い」という子どもさえいます。とてももったいないことだと思います。

漢字は決してつまらないものではありません。また、難しいものでもありません。「漢字指導」の方法を変えるだけで、子どもたちの漢字に対する意識や取り組みが大きく変わってきます。そしてそれは、「漢字」という枠を越え、国語の学習全体に大きく広がっていくはずです。

本書では、子どもたちが漢字を好きになり、使えるようになるための学習方法や指導方法と、漢字の知識についてまとめました。また巻末には、私がこれまでたくさんの子どもたちを見てきた中で体験的にとらえた「まちがえやすい漢字」と、そのポイントを挙げてみました。

本書を活用し、イメージや感覚ではなく、仕組みや原理・原則を意識した新しい漢字指導に取り組んでいただければと願っています。

明星大学教授　白石範孝

本書は、平成26年に発刊した「国語授業を変える『漢字指導』」の改訂新版です。
学習指導要領の改訂に即し、内容の一部修正と増補を行ったものです。

もくじ

五の巻

超お宝！この漢字はここをまちがう

壱の巻

みんな、「漢字指導」を誤解している

白石式
漢字指導の
秘伝 一

繰り返し書いただけでは、漢字は覚えられない

秘伝

一、スポーツの練習のように繰り返し書いたところで、漢字は覚えられない。

一、機械的に繰り返し書くだけの漢字練習は、百害あって一利なしである。

漢字を覚えるための練習と、サッカーのシュートの練習が同じでいいのか

漢字をどうやって覚えるか……。全国の小学校や家庭で、今でも最も多く行われているのが、「とにかく繰り返し何回も書いて覚える」という方法ではないでしょうか。

一つの文字を十回、二十回と書いて覚える……。ごく一般的な漢字の練習方法だと思います。しかし、そうやって繰り返し書くことで漢字を覚えることができるという根拠は、いったいどこにあるのでしょうか。

スポーツならば話はわかります。サッカーで思いどおりのシュートをするためには、何度も繰り返しボールを蹴り、最適な体の動かし方を見つけ、それを体に覚え込ませる必要があります。繰り返し体を動かすことで、筋肉を鍛えるという意味もあります。

計算練習はどうでしょう。さすがに何度も同じ問題を繰り返し解くということはしませんが、たし算ならたし算、ひき算ならひき算の問題を集中的に解いていくという練習はします。それは、数値を変えながら同じ方法を使って計算して、その計算に習熟することが目的なのです。やはり意味のあることです。

では､漢字の練習はどうでしょう。習字で、整った字を書くために繰り返し書くということはありえま

漢字練習って
つまんないよなぁ
なんでもいいから
急いで書いちゃお

す。サッカーのシュートの練習と同じでしょう。

　しかし、ノートに十回、二十回と繰り返し漢字を書くことが、漢字を覚えるということに直結しているとは、私には思えません。

機械的な漢字練習では、漢字を覚える前に漢字が嫌いになってしまう

　一回ごとに丁寧に書いていくというのなら、まだ効果はあります。習字の練習と同じです。

　しかし、実際の子どもたちを考えたとき、そんな漢字練習をしている子どもはほとんどいないのが現実です。

　とにかく早く終えたい一心で、どんどん書いていきます。書けば書くほど、文字は乱雑になり、形はくずれていきます。

　中には、「へん」だけを先に全部書いてしまい、後から「つくり」を書いていくという「効率化」を図る子どもも出てきます。

　こんな練習方法では、漢字を覚えることができないのは明らかです。「練習」とさえいえないのではないでしょうか。

　それに、人間、書きたくもない文字を機械的に何度も繰り返し書かされていたのでは、誰でも嫌になってしまいます。乱雑な字を繰り返し書いていたのでは、かえってまちがった形に慣れてしまう恐れすらあります。

　そしてなにより、漢字のおもしろさ、漢字を使う楽しさを知る前に、子どもたちが漢字を嫌いになってしまうというところに、繰り返し書かせるだけで漢字を覚えさせるという方法の大きな問題点があるのです。

　ただただ繰り返し書くことだけで漢字を覚えさせるという漢字練習は、百害あって一利なし、なのです。

リンク！⬇26・27ページ

白石式
漢字指導の
秘伝 二
漢字を覚えるには、「漢字を覚える方法」がある

秘伝

一、いくら指導しても漢字の悩みが解消できないのは、指導の仕方に問題があるのではないか。

一、子どもたちが漢字を覚え、美しく書けるようになる「方法」を教えるのが本来の漢字指導である。

「まったくうちの子は字がきたなくて……」と嘆く人の多さも、今も昔も変わりません。

漢字が覚えられない、整った文字が書けないという悩みは、昔からずっと続いているのです。

それなのに、漢字の練習というと、いつまでたっても「繰り返し何度も書く」という、伝統の練習方法一辺倒です。効果があるかないかという検討すらされることなく、ずっと続けられているのです。

漢字の悩みはずっと続いているのに、練習方法は同じまま

明確な効果がないにもかかわらず、ただ「繰り返し書く」という漢字の練習方法がどうしてここまで延々と続けられてきたのか。考えてみればおかしなことです。

全国どこへ行っても、先生方は漢字指導に苦心されていますし、子どもたちは漢字を覚えることができずに苦労しています。

このことは、今も昔もほとんど変わらないと思います。

「覚える」ということだけではありません。

「方法」を教えなければ本当の漢字指導とはいえない

どうやったら漢字を覚えることが

ちゃんと漢字を覚えなさい！
でも、どうやったら覚えられるの？

できるのか、整った字を書けるようになるのか、その「方法」が明確にされていないことが、今の漢字指導の最大の問題であると、私は考えています。

このことは、実は漢字指導にかぎったことではありません。小学校の国語指導全般にわたって、しばしば見られる問題です。例えば、物語を読み、味わう。あるいは作文を書く。説明文の要旨をつかむ……。これらのことについて、子どもたちにきちんと「方法」が指導されているでしょうか。

わかりやすい例が音読です。音読の声の大きさが小さい子どもに対して「もっと大きな声を出しなさい」と指導していないでしょうか。

その子どもも、音読は大きく、はっきりした声を出すべきだということを知らないわけではないのです。きっとその子だって、ほかの子と同じように大きな声で音読したいのでしょう。ところが、大きな声の出し方がわからないので小さな声で音読しているのです。

大きな声を出したいのにその方法がわからず困っている子どもに、「大きな声を出しなさい」というだけの指導は、はたして本当の指導といえるのでしょうか。

漢字指導にも、同じことがいえると思います。

漢字を覚えること、字をきれいに書くことを求めつつ、その方法として示しているのは、効果があるのかないのかわからない（はっきりいえば効果がない）、「とにかく繰り返し書く」ということだけです。これでは子どもたちがあまりにもかわいそうではありませんか。

漢字を覚えるには、覚えるための「方法」があります。整った字を書くためには、そのための「練習方法」があります。それを教えることこそが、本来の「漢字指導」なのではないでしょうか。

リンク！⬇28〜33ページ

白石式
漢字指導の
秘伝 三
整った漢字を書くための三つのコツ

秘伝

一、整った文字を書くための具体的な方法を知って練習するのと、知らないまま練習するのとでは結果に大きな違いが出る。

一、整った漢字を書くためには、三つのコツがある。
①正しい筆順で書く。
②右上がり六度法で書く。
③右下重心法で書く。

具体的な方法を知って練習するのと知らずに練習するのとでは大違い

整った文字を書くためには、その具体的な方法として、三つのコツがあります。

①正しい筆順で書く。

漢字の筆順はただ無意味に決まっているわけではありません。鉛筆が最もスムーズに動かせるようになっています。

正しい形に書ければ筆順などあまり気にする必要はないのではないか……といわれることもありますが、誤った筆順で書かれた文字は、どこかバランスがくずれているものです。

②右上がり六度法で書く。

漢字やひらがなの練習帳やノートで、マスの中に十字の点線がついているものがあります。マスの中のどの部分にどのようなバランスで書くのかのガイドとなります。

それはそれでいいのですが、整った漢字を練習するために試していただきたいのが、六度右上がりの平行線をガイドとした「右上がり六度法」です（15ページ上図）。

活字の文字の多くは、横線はほぼ水平になっています。しかし、実際に手で漢字を書くときには、全体がやや右上がりになるように書くと、

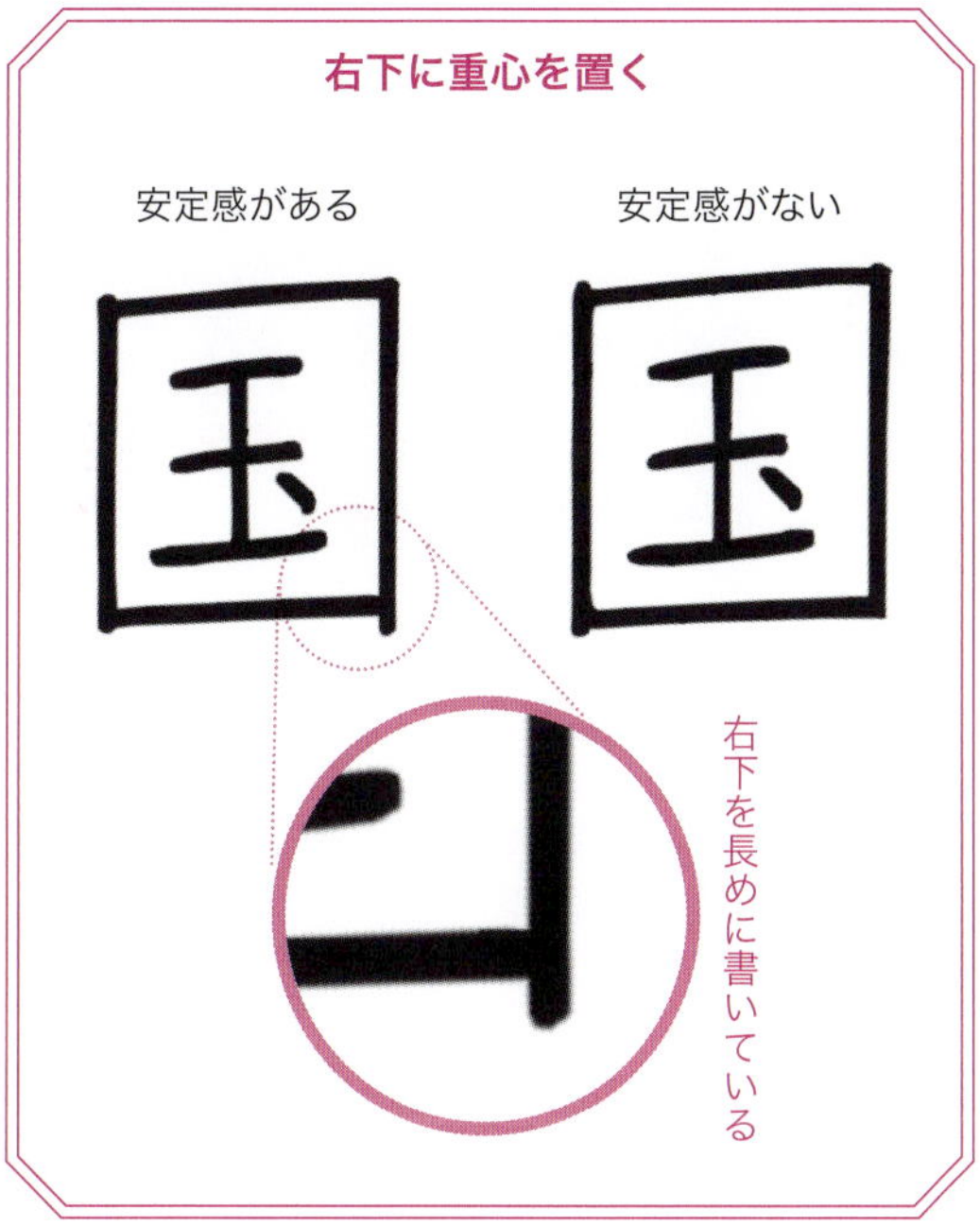
右下に重心を置く
安定感がある
安定感がない
右下を長めに書いている

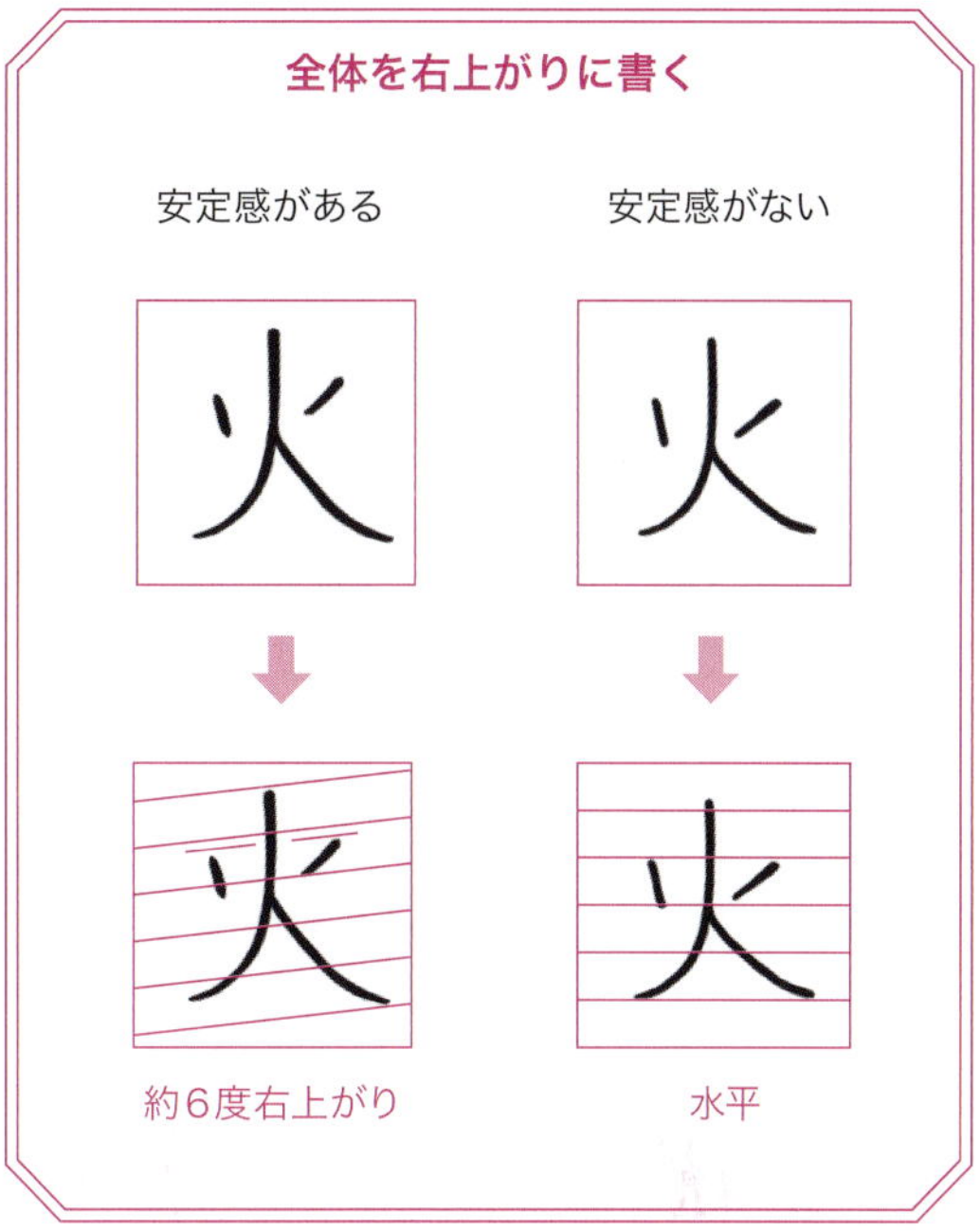
全体を右上がりに書く
安定感がある
安定感がない
約6度右上がり
水平

形が整います。その角度が約六度なのです。

③右下重心法で書く。

ただし、単純に右上がりで文字を書けばいいというわけではありません。全体を右上がりに書くと、文字の右下の部分があいて、不安定な形になってしまうからです。

そこで右下の部分を長く引っ張るなどして右下に重心がくるようにすると、全体が安定します。

例えば「火」は、左側はさらっとはらっていますが、右側は一旦タメをつくってから、しっかりとはらいます。明らかに右側にアクセントがついています。

「国」の「くにがまえ」も、単純な四角形ではありません。右側の縦画は、下にやや長く書くと全体が落ち着きます。

実はこのことは、筆順と無関係ではありません。筆順には、「上から下へ」「左から右へ」といった原理・原則があります。

これらにしたがって書くと、書き終わりは自然と右下になります。この部分をしっかりおさえることで、全体にしまりが出るのです。

このような具体的な方法を教えられれば、子どもたちは「どう書けばいいか」がわかります。それを知って練習するのと、知らないままで練習するのとでは結果に大きな違いが出るのは明らかです。

なお、整った文字を書くための具体的な方法については、「四の巻」で詳しく述べます。

リンク！⬇66～81ページ

※「右上がり六度法」と「右下重心法」については、「きれいな字」を書く技術「六度法」の創案者・富澤敏彦さんの著書を参考にさせていただきました。

白石式
漢字指導の
秘伝 四

漢字を教えるのではない、「漢字の仕組み」を教えるのだ

秘伝

一、漢字には「つくり」や読み方、書き方にさまざまな仕組みがある。

一、初めて見た漢字の読みや意味を類推できるのも漢字の仕組みを知っているから。漢字の指導とは、「漢字の仕組み」を教えることだ。

漢字を覚えようとするから漢字が覚えられない

漢字を覚えるのは大変……皆さんそう思ってはいないでしょうか。それは、漢字を一つずつ、しかも漢字そのものを覚えようとしているからです。

おかしなことをいっているように聞こえるかもしれません。漢字を覚える話をしているのに、「漢字そのものを覚えようとするから覚えられないんだ」なんて……。

でも、考えてみてください。私たちが日常使っている漢字は、常用漢字だけでも2136字。それぞれに音読み、訓読みなど複数の読みがある場合が多いので、読みの数は4388にもなります（平成22年内閣告示第2号による）。

また、常用漢字のうち、学習指導要領で定められ、小学校で学習することになっている、いわゆる教育漢字は1026字（平成29年文部科学省告示第93号による）。これだけでも相当な数です。

これらの漢字をバラバラに覚えるのは大変なことです。ところが実際には、苦労しつつもなんとか覚えることができているのはどうしてでしょう。

それは、無意識のうちに「漢字の仕組み」を使っているからです。例えば、『泳』はさんずいがついてい

るから水に関係することだな。それから『氷』という部分があるから『エイ』という読みがありそうだ」と、「へん」と「つくり」、あるいは音符《おんぷ》と意符《いふ》といった漢字のもつ仕組みから漢字を理解し、学んでいるからです。（へんとつくりについては42ページで、音符と意符については45ページで詳しく扱います）。もし漢字にこういった仕組みがなかったら、多くの漢字とその意味を覚え、使いこなすことは、とても困難なことになっていたはずです。

漢字を一文字ずつ教えることが漢字の指導なの？

ただ、今行われている漢字の学習では、ほとんどの場合、こういった漢字の仕組みを利用することは行われていません。漢字の仕組みについては学習しますが、それを漢字指導と積極的に結びつけることは行われていないのが現状です。

筆順の指導にも漢字の仕組みはあまり使われていません。筆順には「上から下へ書く」「左から右へ書く」といった、いくつかの原則、決まりごとがあります。これらを知っていれば、一文字ずつ、一画ずつ筆順を覚えるといった苦労はしなくてすむことになります。

また、筆順は整った文字を書くこととも関係しています。筆順の原理・原則を知ることが字を整えることにもつながるのですが、この点もあまり指導されていません。

漢字をただ機械的に暗記させるだけでは、新しい漢字に出会ったときに読みや意味を類推できる力にはなりません。

漢字の指導とは、漢字の仕組みを教え、漢字を使える力を育てることなのです。

リンク！⬇38〜49ページ

「漢字指導」が国語授業を変えるわけ

～子どもたちが納得できる国語を目指す～

子どもは「どうして」にこだわります。

授業で学習したこと、先生から教わったことでも、自分の中に「どうして」という疑問をもったままだと、いつまでたっても納得することはありません。

例えば、文字の筆順、漢字の部首などについても、「どうしてそうなの？　どうして覚えなければならないの？」という疑問をもったままでは、いくら指導を続けても子どもが本当の意味でそれらを習得することはないでしょう。

私がよく例に出すのはカタカナの「ヲ」の筆順です。この文字は、

という三画で書くことは、先生方はよくご存知のことでしょう。でも、

と、二画で書いてしまう子どもも少なくないはずです。そんな子どもに、ただ「筆順が違うよ。三画で書くんだよ」と言ったところで、子どもは納得しません。

ではどうして、「ヲ」は二画ではなく、三画で書くのでしょう。これには、カタカナの成立過程が関係しています。

ひらがなもカタカナも、漢字から生まれました。しかし、そのでき方が異なります。

ひらがなは、漢字を崩して書く草書体がもとになっています。「を」は「遠」が変化してできたので、「遠」の筆順の影響を残しています。

一方カタカナは、もとになった漢字の一部分が変化してできた文字です。「ヲ」は、「乎」という漢字の上の部分が変形してできました。

だから三画で書くのです。

このように説明すると、どの子どもも納得し、次からはちゃんと三画で書くようになります。

残念なことに国語は「感覚とイメージの教科」を、まだまだ脱していません。子どもたちの「どうして」に対して、どの子どもも納得できる論理的な説明ができないまま、「登場人物の気持ちを考えましょう」「筆者の言いたいことは何でしょう」という問いを繰り返しているのです。本来は最も簡単に説明できるはずの文字指導においても、「どうして」に答えられていないことが、それを物語っているのではないでしょうか。

本書のタイトル『国語授業を変える「漢字指導」』は、いささか大袈裟のように思われるかもしれませんが、子どもたちの「どうして」に答えることのできる国語の授業を、まずは漢字指導から始めてほしいという思いも込めているのです。

弐の巻

これが、白石式 漢字指導

白石式
漢字指導の
秘伝

五

漢字指導を教科書の単元にそった学習から切り離す

秘伝

一、配当ではない、未習だから、などの理由で子どもが使う漢字を制限しない。

一、教科書の新出漢字を教えるのではなく、漢字指導は切り離して行う。

未習の漢字でもどんどん使わせる

国語で新しい単元の学習に入ったとき、その単元の新出漢字について指導する……というのが、最も多く行われている漢字指導だと思います。

私は、普段の国語の学習と漢字指導とを切り離しています。ですから、いわゆる「新出漢字の指導」といったものは、行っていません。漢字指導は漢字指導だけで行っています。

なぜなら、子どもたちにとって漢字の意味を知り、読み書きできるようになることは、国語の力を伸ばすことと非常に密接に関わっており、教科書の単元の枠などにとらわれることなくどんどん身につけさせてあげることが大切だと考えているからです。

漢字の読みと意味を知ることは、文章を読み、内容を理解する力に直結しています。また、漢字を書けるようになることは、子どもたちの表現力を支えます。

子どもたちがより多くの漢字を学び、漢字を身につけることは、それだけ多くのものを読み、表現する可能性を広げることになります。

国語における表現活動とは、単に話したり、作文を書いたりすることだけではありません。論理的思考の裏づけという重要な意味もあります。

教科書の学習とは切り離した漢字指導

↓

「学年配当」「学習進度」などにとらわれず、子どもたちの漢字の習得が進む。

↓

子どもたちの読解力、表現力が伸び、論理的思考力の裏づけとなる。

教科書の学習に合わせた漢字指導

↓

「学年配当」「学習進度」などによる既習・未習によって、読み書きする漢字に制限がかかってしまう。

↓

子どもたちの読解力、表現力などを制限してしまう。

子どもたちの力を過小評価する必要はありません。教えれば教えた分だけ子どもたちは吸収し、習得していきます。特に配当されている漢字が少ない低学年のうちは、どんどん先取りで学習していくことができるはずです。

ですから、国語のノートや作文などを書くときにも、配当学年でないから、未習だからといった理由で使う漢字を制限することはありません(私が板書する際などは、未習漢字にはふりがなをつけています)。

使用しているのはごく一般的な漢字教材

私が使っている教材は、どこの学校でも使っている市販の漢字教材で、教科書に準拠したもの。教科書の単元ごとに区切られ、漢字が出てくる順番に配列されている、ごく一般的な教材です。

ただし、前述の通り私の漢字指導では、教科書の単元の区切りは気にしません。その学年の配当漢字をひと通り学習したら、上の学年に配当されているものも含めて、どんどん漢字指導を進めてしまいます。

毎週何曜日が漢字の日、といったことは決めていません。授業の進み具合で時間が空いたときや、国語が二時限続きで子どもたちの集中力が途切れたときなどに行っています。

教材が一般的なものであるのと同様、教える内容も特別なものではありません。ただ、書き方についての注意は、できるだけ具体的に行うようにしています。どこをどう注意しなければならないのか、確実に子どもたちに伝わるようにしています。それが、子どもたちに漢字を身につけるための方法を教えることになるのです。

リンク！⬇ 22～25ページ

白石式
漢字指導の

秘伝 六

白石式漢字指導の流れ①
まずは印をつけさせる

秘伝

一、いきなり練習をさせるのではなく、まずは「まちがえやすい部分」に印をつけさせる。

一、最初から注意点を示してしまったのでは、注意しようという意識につながらない。

まちがえやすい部分に印をつけさせる

実際の漢字指導の場面を考えていきましょう。

授業の中で新出漢字などの指導をしたり、練習をさせたりする場合、まず最初に何をするでしょうか。

ほとんどの学校では、使用している教科書に準拠した「漢字教材」を使っていることと思います。

「新しく出てきた漢字を練習するよ」と言って、該当ページの漢字を指示したら、子どもたちが練習スタート……などとやってはいないでしょうか。これでは、ただ子ども任せの練習であって、漢字指導でもなんでもありません。

私は、漢字指導を始めるときには、教科書やノートなどはかたづけさせて、机の上には漢字教材と筆箱だけにします。

その日に学習する範囲を指示したら、手本の文字の、注意すべき部分に自分で印をつけさせます。

どの漢字にも、「まちがえやすい部分」があります。とめ・はね・はらいの区別から始まって、画の本数、出る・出ない、点の数や有無、丸めて曲げるのか、角張らせて曲げるのか……など、「注意すべき箇所」があります。そこに「○印」をつけるのです。

漢字練習をしたり、実際にその漢

筆順に注意が必要な
漢字には
順のマークをつける。
注意すべき部分に
○をつける。
54
54
順
密
音 ミツ
意味 ①ひそかに ②ぎ
×〔宓〕「心」ではなく
秘
音 ヒ
意味 ①かくす ②人のカ
「禾」をわすれないでね。
27
読んで
なぞって
ステップ1
ようこそ、わたし
漢字の広場 ②

字を使ったりするときに、どこに気をつけるべきなのかを明らかにしておくことが、漢字のまちがいを減らすことにつながるのです。

注意すべき部分は まずは自分で考えさせる

注意すべき部分、印をつける箇所について、最初から私が指示してしまうということもしません。初めは自分で考えさせます。

最初から私が指示してしまうと、言われたところに印をつけるだけになってしまい、「注意しよう」という意識に結びつかないからです。

どこに注意したらいいかわからないときには、無理をせずに、そのままにしておきます。

どんな「印」をつけるかについては、ある程度ルールを決めておくと指導がしやすくなります。とめる箇所には□、はねる箇所には△といった、記号の工夫をしてもいいでしょう。また、筆順をまちがえやすい漢字は、手本の文字の横に小さく「順」と書かせたりします。

よく、「何回指導しても同じところをまちがえる」といった悩みを聞くことがありますが、子どもたちは手本を見ながら練習するわけですから、その手本に印がついていれば、練習段階でのまちがいが激減するのはもちろん、注意点を強く意識しながら漢字を覚えることにつながります。

ただし、やたらとたくさん印をつけることは避けなければなりません。多すぎるとかえって目立たず、逆効果です。

本書の最後に、まちがえやすい漢字とそのポイントをまとめましたので、そちらもぜひ参考になさってください。

リンク！⬇102〜123ページ

白石式
漢字指導の
秘伝
七

白石式漢字指導の流れ②
そら書きと創作文

秘伝

一、教室での一斉指導なら、「そら書き」をさせて、まちがえている子どもを見つける。

一、誤字には「?」をつけるだけ。どこをどうまちがえたのか、自分で確認させる。

意外に効果的な「そら書き」

前ページからの続きです。

子どもたちが漢字教材に印をつけている間に、私は黒板に、その日学習する漢字を書いていきます。

子どもたちがひと通り印をつけ終わったら、改めて板書した文字を使いながら、注意すべき点などを確認したあと、一文字ずつ、手で空中に文字を書く「そら書き」をしながら指導していきます。

私は、漢字指導において「そら書き」は、とても有効だと考えています。

多くの子どもたちが同じ動きをしている中でまちがった動かし方をすると、かなり目立ちます。教壇から見ていると「あ、あの子はまちがえているぞ」ということがすぐにわかるのです。

もちろん、手本を示す教師は、子どもたちに向かって書くので、鏡文字を書かなければなりません。鏡文字が苦手だからと子どもたちに背を向けて書いたのでは、どの子がまちがっているのか、肝心なところが見えなくなってしまいます。

どこをどうまちがえたのか、自分で確認できるようにする

前述の通り、私の漢字指導では、漢字練習用の「漢字ノート」は使い

かん字さく文①
場・読・紙・言・通・食・後
なまえ（村岡杏美）
きょうはどうぶつ村のえん足です。いく場しょは、大きな公えんです。みんなでバスにのって行きます。
バスの中で、ちゅういがきの紙を読みました。やぎさんが紙を食べそうになったので、びっくりしてとめました。
「この紙は大じなことがかいてあるんだから食べちゃだめなんだよ。」と言いました。バスをおりると、みんないっせいにはしりだしました。大きな通りをわたるのではしってはいけないとかいてあったのに…。一ばん後から牛さんがゆっくりあるいて行きます。
かくれんぼ、おにごっこ、いっぱいあそんだのでかえりのバスはみんなつかれてねてしまいました。
すばらしー!!

ません。漢字練習は、漢字教材についている三〜五回分の練習欄のみです。

そのかわりに使っているのが、上のような創作文シートです。三百字程度のマス目があり、最初の行に、その日に学習した漢字が書いてあります。子どもたちはこの漢字を使って、創作文を書きます。

漢字教材での最低限の漢字練習と、この創作文を書くのは、基本的には家庭学習、宿題です。

創作文を宿題として出す場合には、提出まで三〜四日の時間をとります。急いで乱暴な字になってしまうのを防ぐためです。

創作文のシートは、書き終えたら提出させ、必ずチェックします。

ただし、漢字の習得が目的ですから、できあがった文章の良し悪しは問いません。学習した漢字を正しく使うことができているかどうかを中心にチェックします。

このとき念頭に置くのが、教室で漢字指導を行った際に子どもたちに印をつけさせた「注意すべき箇所」です。それらの箇所が正しく書けているかどうかを見ていくのです。これによって、「指導」と、子どもたちの「活動」との一体化が図れます。

子どもの書いた漢字がまちがっていても、「×」をつけたり、正しい字を朱書きしたりすることはしません。横に小さく「?」をつけておきます。子どもは自分のシートが返されたときに「?」がついていたら、どこがまちがっているのかを自分で調べ、余白に正しい漢字を書いて再提出します。

自分で調べることによって、どこをまちがえたのか、正しくはどう書くのか、強く認識できます。まちがえた字を消さないのも、どこをどうまちがえたのか、あとから自分で確認できるようにするためです。

リンク！⬇28・29ページ

白石式
漢字指導の
秘伝
八
練習させるのは三回以内

秘伝

一、必要以上に繰り返し書かせられると、ただ書き写す単純作業になってしまう。

一、一回目、二回目、三回目と、何のために書くのかを意識することが大切。

「繰り返し書く」のが悪いのではなく、「繰り返し書かせる」だけの漢字練習が問題

漢字の練習というと、とにかく繰り返し何回も書いて覚える……というのが定番だと思いますが、漢字は、ただ機械的に繰り返し書けば覚えられるというものではありません。

本書でも何度か述べていますが、必要以上に、しかも機械的に繰り返して子どもに漢字を書かせることは、百害あって一利なしなのです。

繰り返し書くことが全て悪いと言っているのではありません。子どもが自発的に繰り返し書いて練習しよう、覚えようというのなら、それはそれでいいことです。

私が「やめたほうがいい」と言っているのは、繰り返し「書かせる」だけの漢字練習です。

例えば「一つの漢字を十回書きなさい」「二十回書きなさい」と言われたとき、「それは楽しそうだぞ」と思う子どもはいません。「面倒だな」「やりたくない」「なんとか楽にすませたい」という気持ちが湧いてしまうはずです。それを押し殺して嫌々書いたところで、それは、ただ漢字を書き写すという単純作業を行っているにすぎません。

中にはゲーム感覚で「よーし、何秒で書けるか競争しよう」という子

一つの漢字を十回ずつ書きなさい
うひゃー
何でもいいから
急いで書いちゃお！

どももいるかもしれません。しかしそれでは、速書きの練習にはなるかもしれませんが、漢字を正しく覚えることにはつながりません。

むしろ、あわてて書くことで線の長短や位置、点の有無、よく似た形の違いといったものがいいかげんになってしまうのです。

何のために書いているのかを意識しながら練習する

では、一回書けばいいのか、あるいは極端にいって、書かずにじっと見て覚えるべきなのか、などということではありません。やはり数回は書いて覚えることが必要でしょう。

私は、「三回」がちょうどいいと考えています。あまりにも少なすぎて不安だということであっても、五回が限度でしょう。それ以上になったら、機械的になってしまいます。

一回目は、手本をよく見ながら書きます。スピードはゆっくり。ゆっくり書くと「あれ、ここはどうなっているんだろう」といった疑問に、気づきやすいものです。急いで書くと細かい部分まで気にしている暇がないので、いいかげんになってしまうのです。

もちろん、事前に注意の印が書き込まれていれば、その部分は特に注意します。

二回目は一回目に疑問に思ったところや、まちがえそうになったところなどを意識しながら書きます。よく覚えていないところがあれば手本を見ながらでもかまいません。また、書き終わったら手本と見比べて、まちがっているところがないか、確認します。

三回目は、手本を見ないで書いてみます。もしここでもまちがったり、うろ覚えだったりしたら、もう一回書いてみます。

何をするのか、どう書くのかを意識しながら書くことが大切です。

白石式
漢字指導の
秘伝
九
練習したらどんどん使う！

秘伝

一、覚えた漢字は、実際に使ってみることで初めて定着する。

一、未習の漢字であっても、子どもが使いたいのであればどんどん使わせるべし。

覚えた漢字をさっそく使い創作文を書いてみる

子どもたちがなかなか漢字を覚えることができない理由の一つに、使う機会の不足があると考えています。

例えば新出漢字の学習でも、読み・書きを「覚える」ことに力点が置かれていて、実際に「使う」機会が少ないために、せっかく覚えたはずの漢字が定着しなかったり、すぐに忘れてしまったりするのではないでしょうか。

私たち大人でも、「最近はパソコンを使うことが増えて手で文字を書かなくなったせいか、漢字を忘れてしまっている」といった話をよくすると思います。

やはり、記憶の定着には、それを使うということが密接に関わっているのです。

私がよくするのは、25ページでも触れた、新しく学習した漢字を使った「創作文」です。もう少し詳しく説明してみましょう

例えば、「詩、商、開、族、葉、実」という六つの新出漢字と、四つの既習漢字の新しい読み（「分＝フン」「ブ」「売＝バイ」「家＝カ」「店＝テン」）を学習したら……。

ある商売人が、家族でやおやさんを開店して、新しいやさいを売

漢字に挑戦！ 1

① 次の漢字を最低一回ずつ使い、100字以内で創作文を書いてください。

② 次の漢字を［例］のように二つの読みで使う文を、それぞれ書いてください。

［例］洗→「洗面所で顔を洗う。」

蔵暖納

訪訳裏

群任備

☜答えは 124 ページ

ることにしました。それは、葉も実も食べられる、とてもおいしいやさいです。それを食べたお客さんが、とても喜んで、たった五分で詩を書いてくれました。

……といった感じです。例えばノート一ページ以内といった制限をつけるといいでしょう。

文章の内容はどんなものでもかまいません。多少突飛なものでもいいでしょう。ただし、漢字の使い方がまちがっていないかどうかはきちんとチェックします。

そもそも、漢字を覚えるのは、漢字を使うためです。「覚えた」はずの漢字でも、それを使いこなすことができなければ、意味がありません。

実際にどんどん使ってみることで、漢字が身近なものになり、漢字についての理解も深まります。

それが、本当の意味で「漢字を覚える」ことなのです。

漢字ゲームやパズルをつくり漢字に親しむ

ゲームやパズルで漢字に親しむのも、効果的です。

次のページから、私が実際に授業に取り入れているゲームや、子どもたちがつくったパズルを紹介します。

ゲームに勝ったり、パズルをつくったりするためには、いろいろな漢字を調べなければなりません。そういった能動的に漢字に接することが、多くの漢字を理解し、身につけていくことにつながるのです。

ですから、先ほどの創作文でもゲームやパズルでも、「まだ学習していない漢字は使ってはいけない」といったルールは絶対につくらないでください。せっかく新しい漢字を使おうという意欲が湧いているのに、その芽をつみとってしまうのはなんとももったいないことです。

リンク！⬇24・25ページ

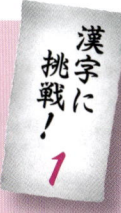

白石式漢字指導のお宝

一 漢字を使ってゲームをしよう

漢字ゲーム①
漢字ビンゴ

　ご存知、ビンゴゲームの漢字版です。

　「部首ビンゴ」「画数ビンゴ」「筆順ビンゴ」などのバリエーションがあります。「部首ビンゴ」を例に説明していきましょう。

　まず、ノートにマス目を書かせます。低学年ならば３×３の９マス、高学年になったら５×５の25マスがいいでしょう。25マスの場合は、中央のマスには☆を書き、「フリー」にしてもいいでしょう。また、「お題」にあてはまる漢字がそれほど多くない場合には、高学年でも９マスにします。

　次に教師が「お題」を出します。部首ビンゴなので「くさかんむりの漢字」「さんずいの漢字」などです。

　子どもたちは、そのお題に合った漢字でマス目を埋めていきます。なかなか全てのマスが埋まらないようならば、まわりの友達と情報交換をさせてもいいでしょう。教科書や辞書を使ってもよいという条件にすることもできます。

　もちろんビンゴゲームですから、どの漢字をどの場所に書くかはそれぞれの自由です。また、同じ漢字を二回以上使ってしまわないよう注意してください。

　全員のマスが埋まったら、お題に合う漢字を教師が一文字ずつ黒板に書いていきます。その漢字が自分の表にあったら、漢字に○をつけさせます。

　通常のビンゴゲームと同じく、縦、横、斜めのいずれかに○が並んだら「ビンゴ！」です。

　「部首ビンゴ」では部首を意識させることができます。部首が「つき」と「にくづき」の漢字を区別させるといったこともおもしろいでしょう。

　部首以外にも、画数を意識させたいのであれば「画数ビンゴ」（「五画で書く漢字」「八画で書く漢字」など）、筆順を意識させたいのであれば「筆順ビンゴ」（「交わっている縦と横の、縦を先に書く漢字」など）もできます。

　ちなみに、このビンゴゲームは、ひらがなの指導にも応用できます。例えば、ひらがなの「とめ・はね・はらい」を意識させたいのであれば、「最後をとめるひらがな」「最後をはらうひらがな」といったお題を出します。

　「○画で書くひらがな」といったお題で、ひらがなの筆順や画数を意識させることもできます。

部首ビンゴ
「くさかんむりの漢字」の例

花	荷	英
苦	落	菜
芽	菊	芸

部首ビンゴ
「さんずいの漢字」の例

法	泣	沢	江	汁
油	況	沖	決	汚
洋	沼	☆	泳	池
浜	注	沿	没	汽
活	波	河	沈	消

画数ビンゴ
「11画で書く漢字」の例

盛	習	推	郵	訪
域	魚	商	視	都
頂	異	☆	脳	捨
球	章	翌	問	密
著	動	部	族	悪

ひらがなビンゴ
「最後をとめるひらがな」の例

て	ひ	か	よ	ぬ
せ	な	を	こ	く
さ	ま	☆	そ	い
ね	ふ	は	ほ	た
へ	き	と	に	え

漢字ゲーム②

漢字分解カード　その1

多くの漢字は二つの部分に分けることができます。それを意識させるのがこのゲームです。

漢字を二つの部分に分け、それぞれをカードにします。これらを組み合わせて、漢字をつくっていきます。

下の例では、「影、作、休、私、歌、明、教、妹、球、祝、町、読」の十二文字ができます。

この例では左右二つに分けられる漢字だけですが、上下二つに分けられる漢字、「かまえ」などの内側と外側に分けられる漢字や「たれ」、「にょう」などの漢字が交じっていても可能です。

このように漢字を二つの部分に分けて見ると、どのようなつくりになっているのかが再認識されるため、漢字を覚えることにも役立ちます。

もちろん、部首を意識したり、部首名を覚えたりすることにもつながります。例えば、単元ごとの新出漢字についてこのようなカードをつくり、その単元の新出漢字の学習の際に使うといったこともよいのではないでしょうか。

カードをつくるとき、カードの大きさをそろえると、それぞれの部分の高さや幅が必ずしも均一でないことが目立ち、漢字の形や大きさのバランスを再認識することにもつながります。

二枚合わせて漢字をつくろう

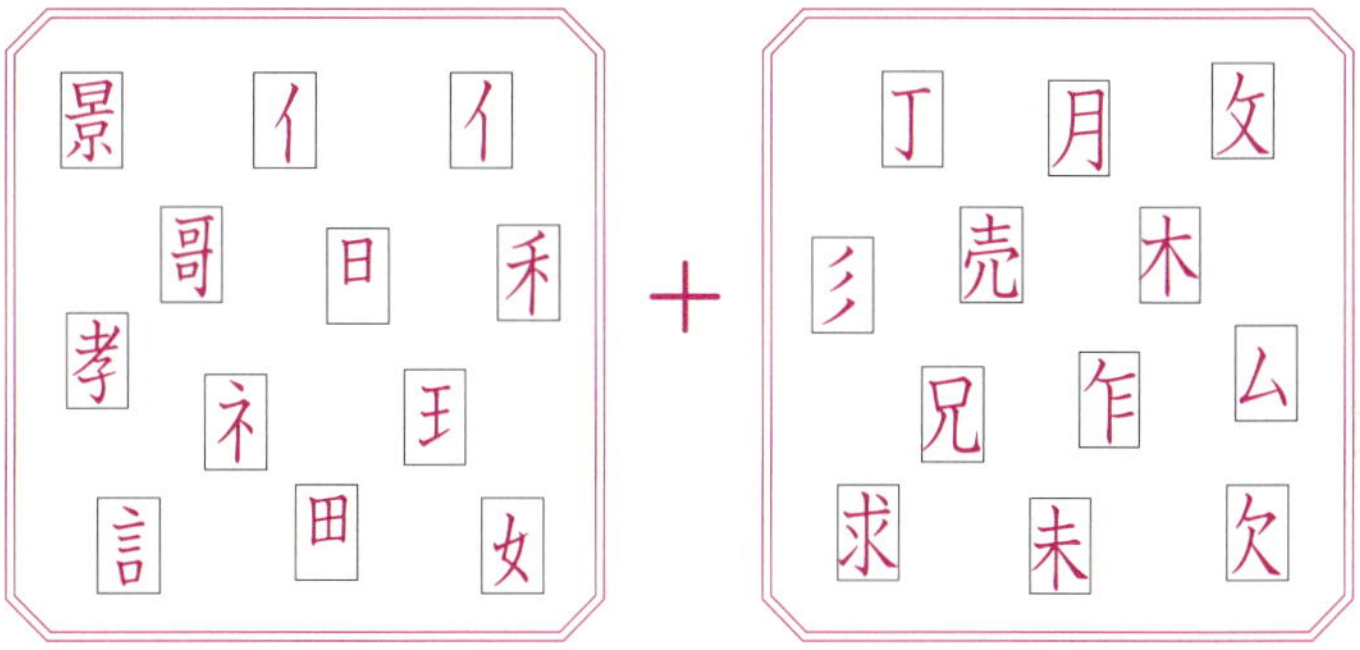

漢字分解カード　その2

漢字のカードは、必ずしも一対一対応でなければならないというわけではありません。

上の右側のカードは、「あし」（上の例は、こころ、さら、れんが）の部分をもつ漢字の例です。「思、意」「益、盟」「魚、熱」の漢字ができます。

左側のカードは、「たれ」（上の例は、やまいだれ、まだれ、しかばね）の部分をもつ漢字の例です。「病、痛」「庁、底」「届、居」の漢字ができます。

これらのほかにも、「かんむり」、「かまえ」などの部分をもつ漢字を使った同様のゲームが考えられます。

これらのゲームは、漢字を二つの部分に分けるということの理解を深めたり、部首について学んだりすることのほかに、誤字を防ぐという効果も期待できます。

例えば、「病」という漢字を書くときに、「やまいだれ」ではなく「まだれ」や「がんだれ」にしてしまうといったケースは少なくありません。

下のようなゲームを行うことによって、似た形の部首をもつ漢字を改めて意識することができるので、思い違いや細かい部分についての意識不足による誤字を防ぐことにつながるのです。

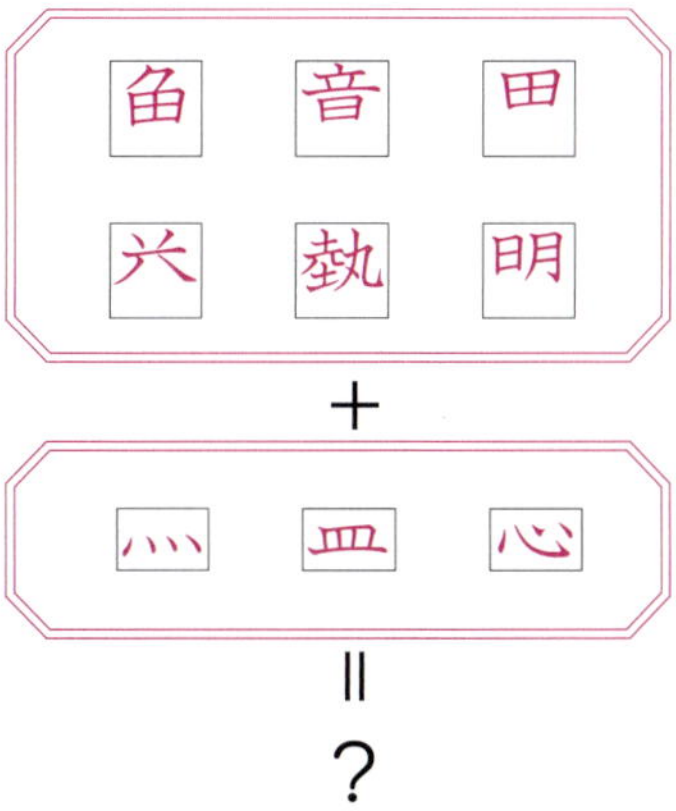

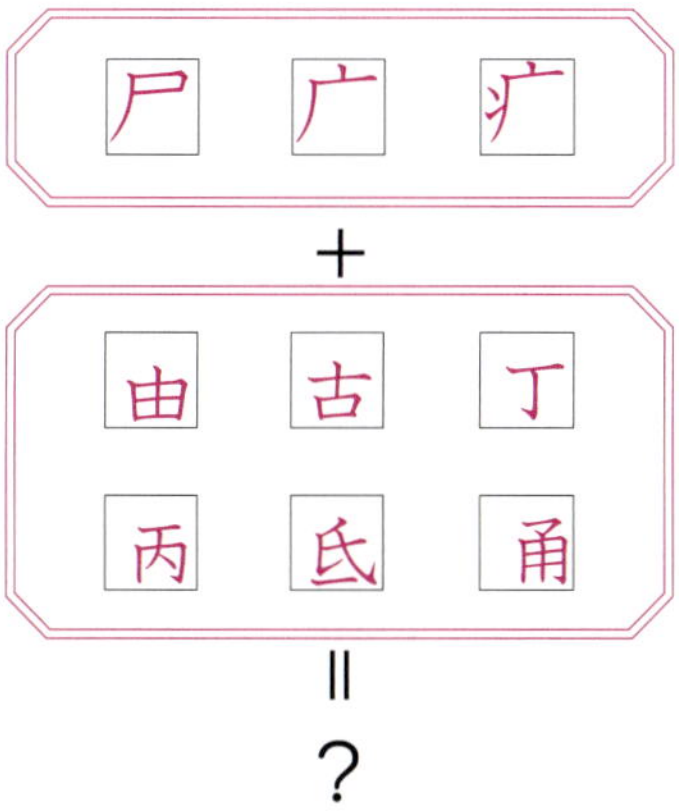

リンク！⬇42・43ページ

1 ジョニー君は二重とび大会で優勝しました。さて何回跳んだのかな？この図に漢数字を入れて完成させよう。その漢数字を全てたした回数だけ跳んだんだよ。

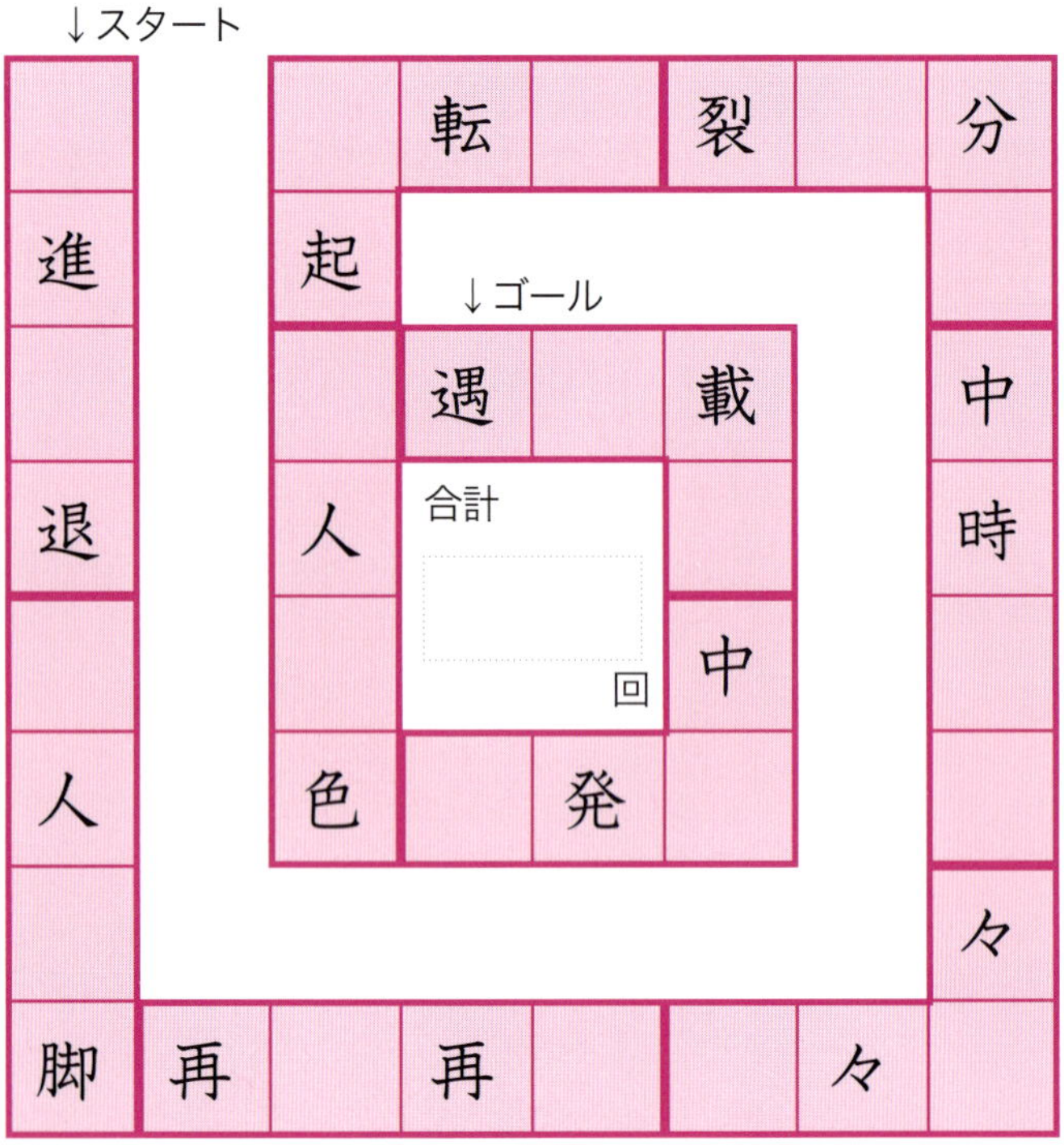

2 次の漢字を並べかえて、二字熟語のしりとりをやってください。
※関係ない字も一つ入っています。

① [水・等・使・海・母・分・平]
② [合・歌・天・皇・併・集・国]
③ [図・納・策・得・省・略・収]

漢字パズル

漢字パズルづくりに挑戦

漢字ゲームや漢字パズルは、教師がつくって与えるだけでなく、子どもたち自身につくらせることもできます。そのほうが子どもたちはより深く漢字に接することができます。

ここであげる四つのパズルは、いずれも子どもたちが考えたものです。

1は、漢数字を含む四字熟語を完成させ、使った数字の合計を求めるというもの。よく考えると、このようなうず巻き形に並べる必要はないのですが、パズルとしてのおもしろさ以前に、漢字に親しむというところを大切にしたいと思います。ちなみに問題文にある「ジョニー」とは、子どもたちがつけた私のあだ名です。

2は、ぐっとパズルらしくなって、与えられた漢字を組み合わせて二字熟語をつくり、それでしりとりをするというもの。しかも、使わない文字も交じっているので、難易度はぐっとアップします。

3は、同音異字を考えさせるもの。漢字テスト風でもありますが、同じ読みをする漢字がこんなにあるのかと、改めて驚きます。

4は、二字熟語しりとりの図形バージョンです。正解が一つになるよう、パズルづくりとしての難しさもあったようです。

このほかにも、子どもたちはさまざまなパズルを考えてくれました。ぜひ皆さんも、ご自身で、あるいは子どもたちと一緒に漢字ゲームや漢字パズルづくりに取り組みながら、漢字に親しんでください。

3 次の（　）の中に「キョウ」と音読みする漢字を入れて二字熟語をつくってください。

① （　）怖　② （　）存　③ （　）弟
④ （　）台　⑤ （　）界　⑥ （　）運
⑦ （　）囲　⑧ （　）争　⑨ （　）給
⑩ 故（　）　⑪ 鉄（　）　⑫ 音（　）

4 亀の甲の迷路の入り口から、二字熟語をつくりながら出口まで行かなければなりません。
ただし、全部の道を通らなければなりません。どういう順序で行けばいいでしょうか。矢印をつけてください。

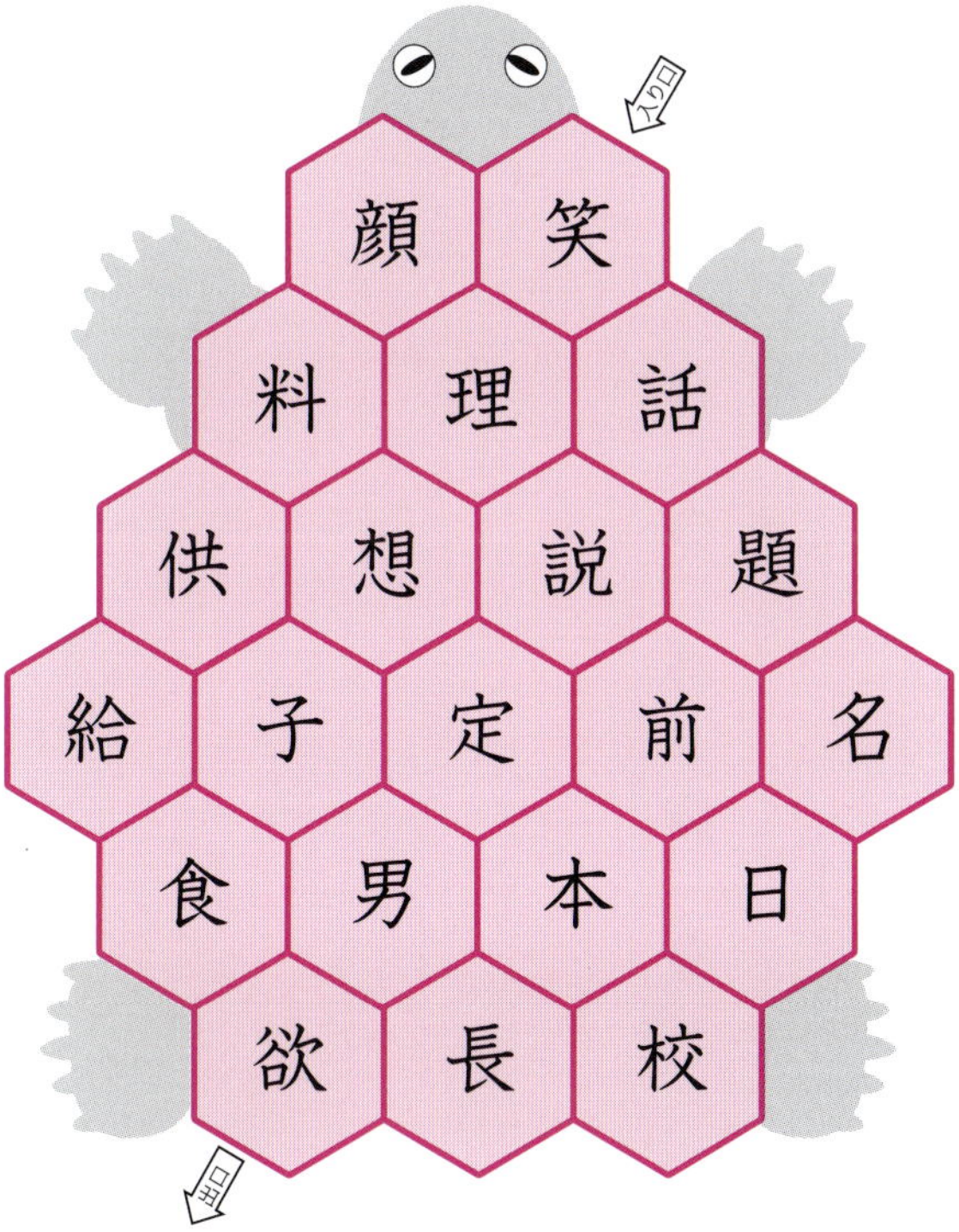

1 の答え

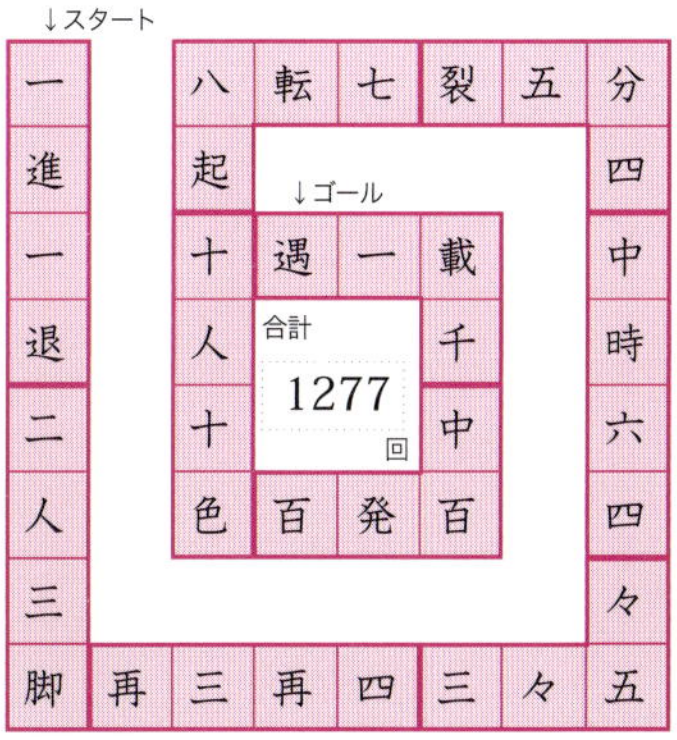

2 の答え

① 海水→水平→平等→等分→分母
② 天国→国歌→歌集→集合→合併
③ 収納→納得→得策→策略→略図

3 の答え

① 恐怖　② 共存　③ 兄弟
④ 鏡台　⑤ 境界　⑥ 強運
⑦ 胸囲　⑧ 競争　⑨ 供給
⑩ 故郷　⑪ 鉄橋　⑫ 音響

4 の答え

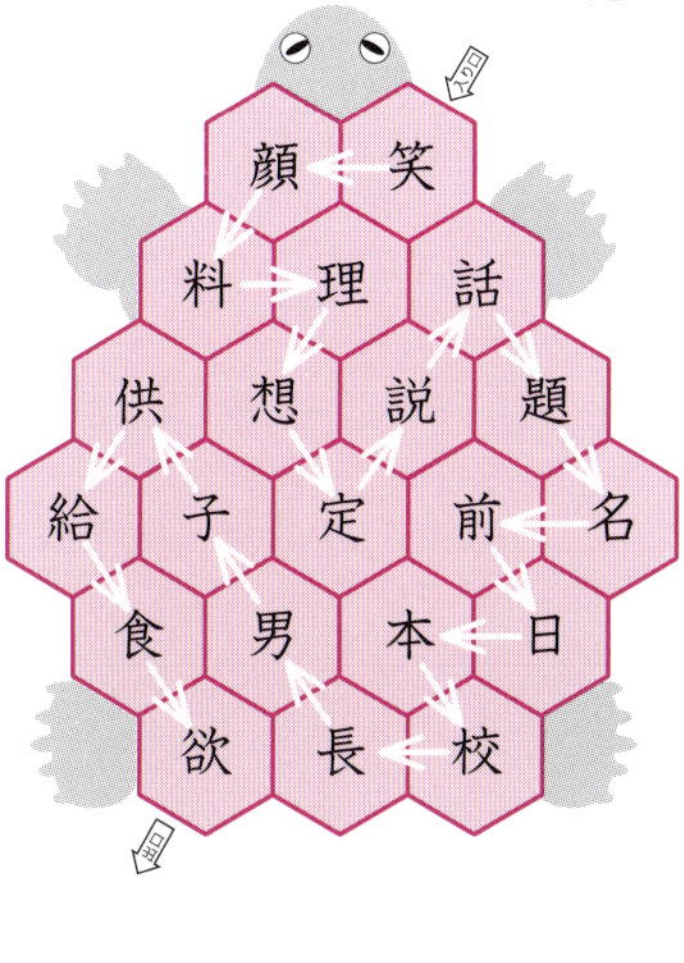

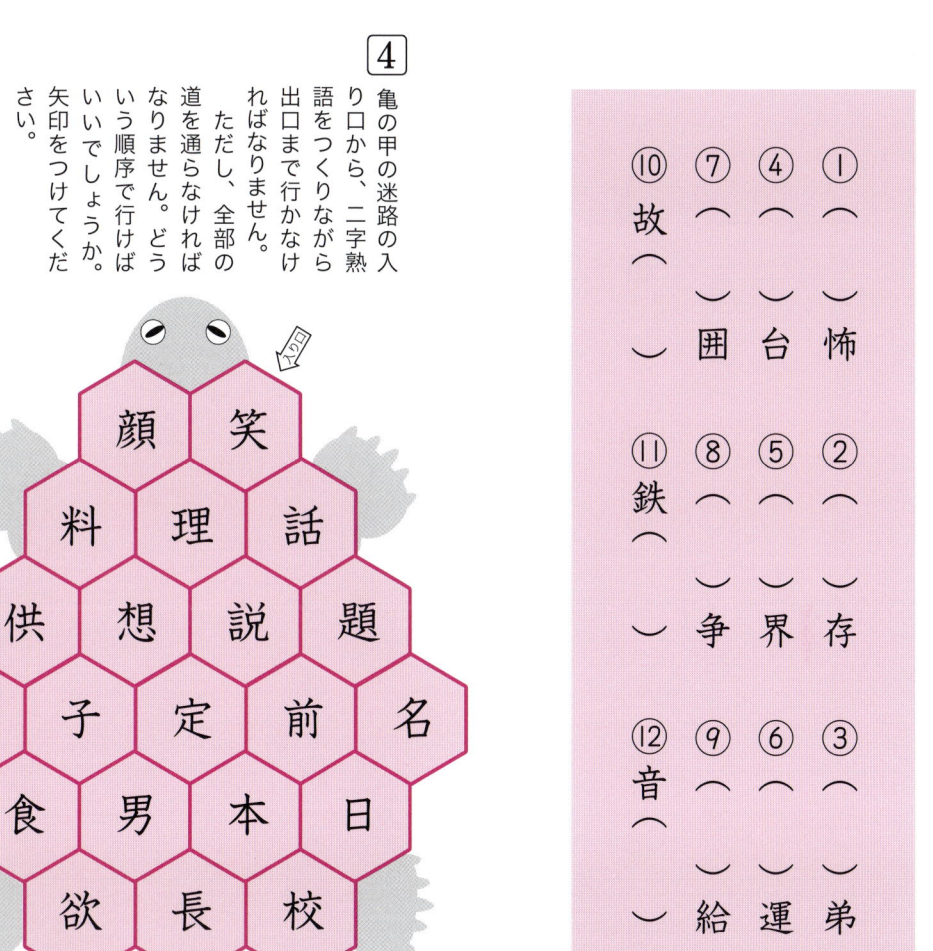

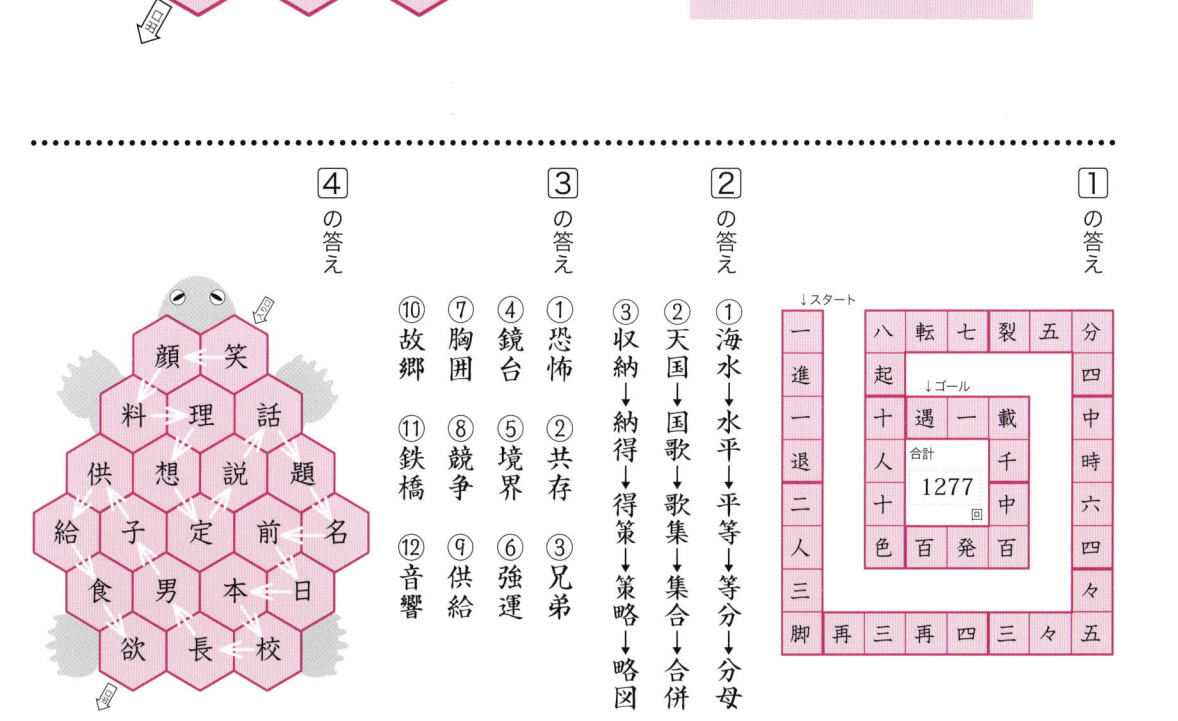

漢字に挑戦！2

日本の47の都道府県名を、すべて漢字で書いてください。

北海道地方

❶

東北地方

❷

❸

❹

❺

❻

❼

関東地方

❽

❾

❿

⓫

⓬

⓭

⓮

中部地方

⓯

⓰

⓱

⓲

⓳

⓴

㉑

㉒

㉓

近畿地方

㉔

㉕

㉖

㉗

㉘

㉙

㉚

中国地方

㉛

㉜

㉝

㉞

㉟

九州地方

- ㊵
- ㊶
- ㊷
- ㊸
- ㊹
- ㊺
- ㊻
- ㊼

四国地方

- ㊱
- ㊲
- ㊳
- ㊴

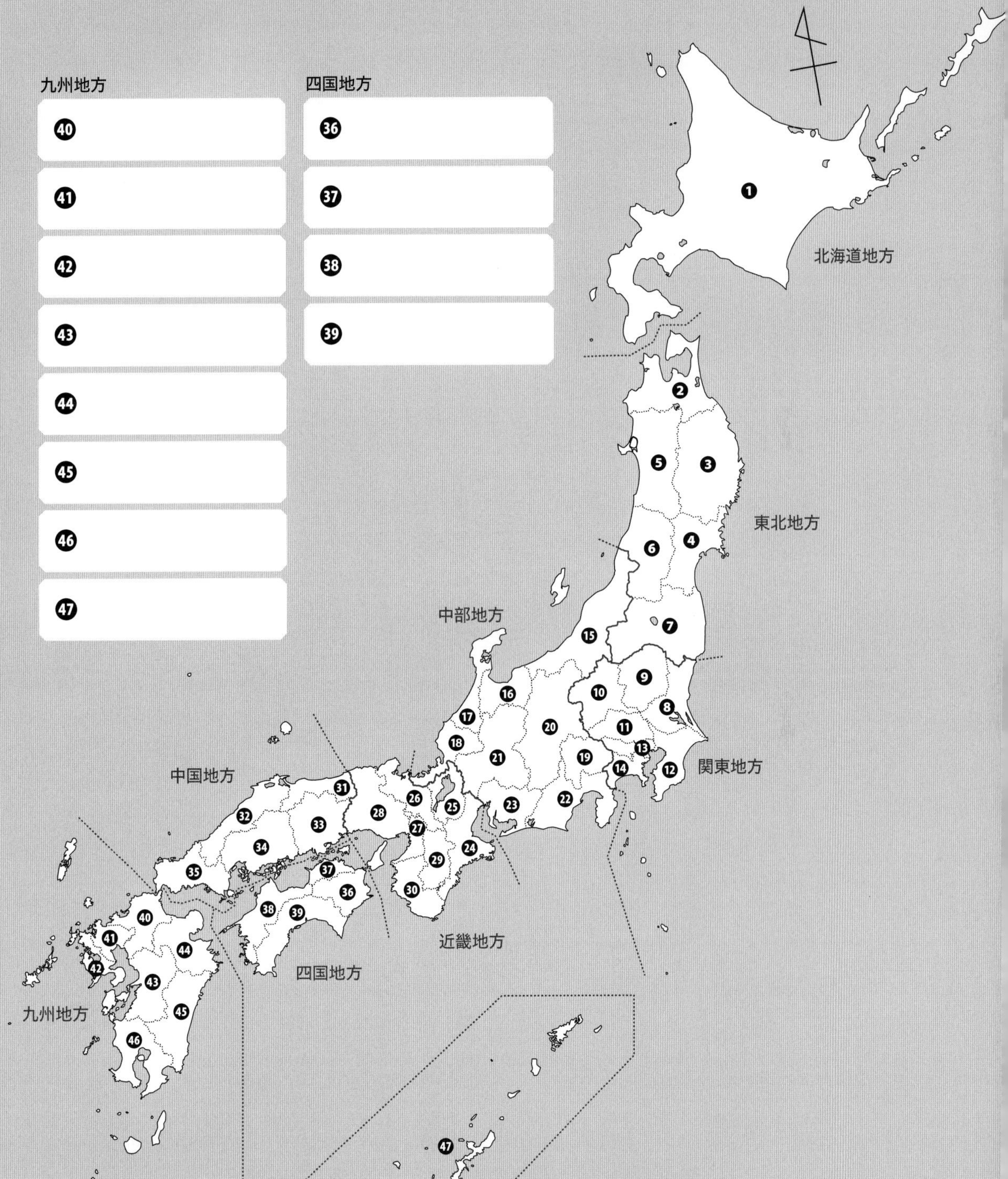
北海道地方
東北地方
関東地方
中部地方
近畿地方
中国地方
四国地方
九州地方
1
2
3
4
5
6
7
8
9
10
11
12
13
14
15
16
17
18
19
20
21
22
23
24
25
26
27
28
29
30
31
32
33
34
35
36
37
38
39
40
41
42
43
44
45
46
47

☞答えは 124 ページ

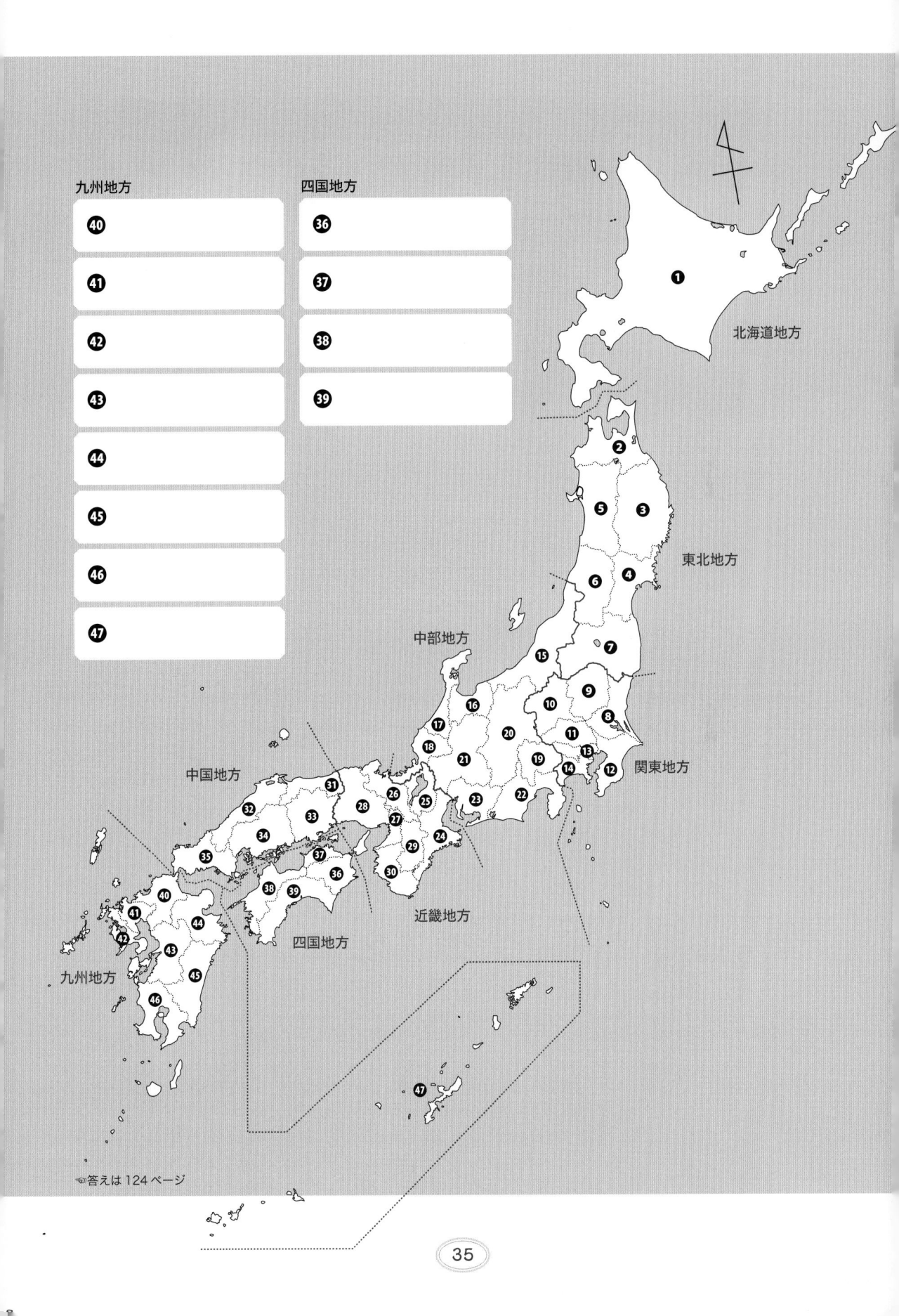

「方法」を教えるということ

～「あさがおにっき」と文字指導の共通点～

子どもたちが書いた作文などを見せると、多くの方が「やっぱり筑波大学附属小の子どもは違いますね」と言われます。字がきれいに書けている――というわけです。

しかし、附属小の子といえども、最初から整った字を書いているわけではありません。私もほかの学校の先生方と同じく、一年生の国語は、鉛筆の持ち方や、ひらがなを一文字ずつ教えるところから始めます。

私が一年生の文字指導に活用しているのが、自作のシートを使った「あさがおにっき」です。

私は、あさがお観察の内容だけでなく、このシートに書かれた子どもたちの文字もチェックし、必要に応じて書き方の指導もします。観察した様子を絵にかくことも、鉛筆の動かし方のいい練習になります。

シートの記入欄にも工夫がしてあります。

最初のうちは、「きょうしたことは？」「したことをじゅんばんに書きましょう」といった具合に、子どもたちの記入をナビゲートしています。また、種の観察をするときでも、「種の何を特に調べたいのかな？　色かな、形かな、においかな。自分が種の何を知りたいか、書いておくんだよ」と、観察のポイントをもたせます。

こういった具体的な指導を受けることで初めて、子どもたちは文章をまとめる方法を身につけるのです。「あさがおを観察して、その様子を書いてごらん」というだけでは、子どもたちは文章など書けません。文章をまとめる方法を教えていないのですから。

最後に、同じ学年の子どもが入学から一年たたない時期に書いた「書き初め」をご覧いただきます。大変整った字が書けていると思います。これは、附属小の子だから書けたのではありません。具体的な方法をきちんと教えれば、どんな子どもでも書けるようになるのです。

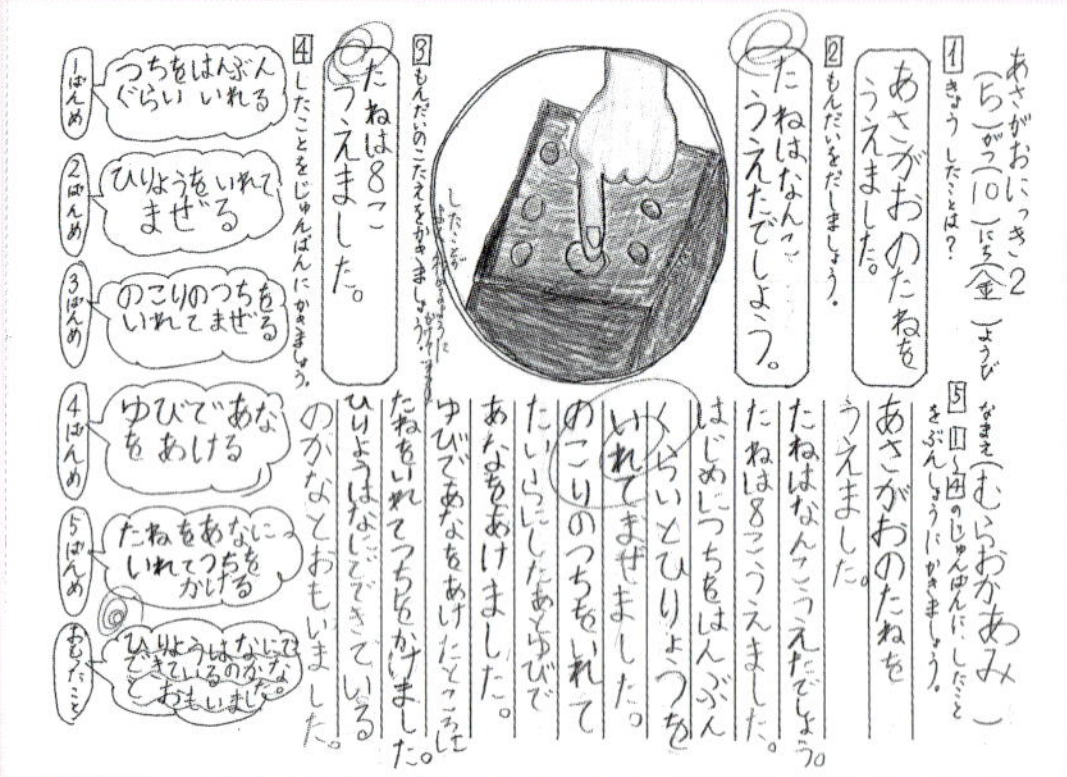

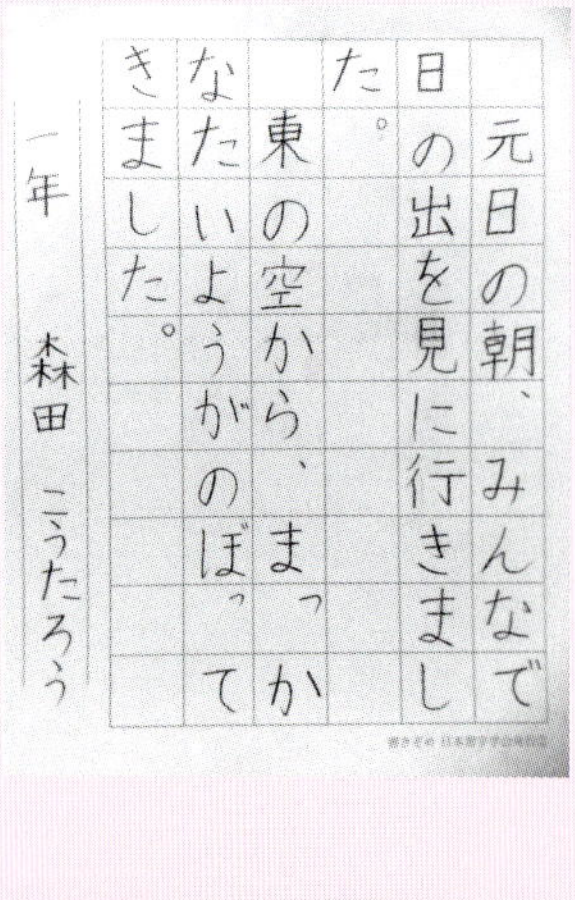

参の巻

意外と知らない漢字の基礎知識

白石式
漢字指導の
秘伝 十
漢字は四つに分類される

秘伝

一、漢字は、主に象形文字、指事文字、会意文字、形声文字の四つに分類できる。

一、形声文字には音符と意符があり、意符が部首となる。

全ての文字が象形文字ではない

漢字は、大昔の人々がかいた絵や記号が変化してできた……とよく説明されます。

確かにそれは漢字成立の大きな要因ではあるのですが、現在使われている漢字の全てに、それがあてはまるというわけではありません。

現在、私たちが使っている漢字は、その成り立ちから大きく四つに分類することができます。

①象形文字

物の形を簡単な絵で表したものが変化し、漢字になったものです。

冒頭で述べたような、漢字の生まれ方として最もよく知られたものでしょう。

「手、目、人、日、月」などがよく知られています。

②指事文字

抽象的な概念など、絵にかきにくいものを符号や印で表したものです。

例えば、「一」「三」といった漢数字や、棒の上に点をかいた符号が変化してできた「上」などが、代表的な指事文字です。

③会意文字

すでにできている文字を土台にして、組み合わせてつくった漢字です。

「木」がたくさんある様子を表す「林」「森」や、「鳥」と「口」が組

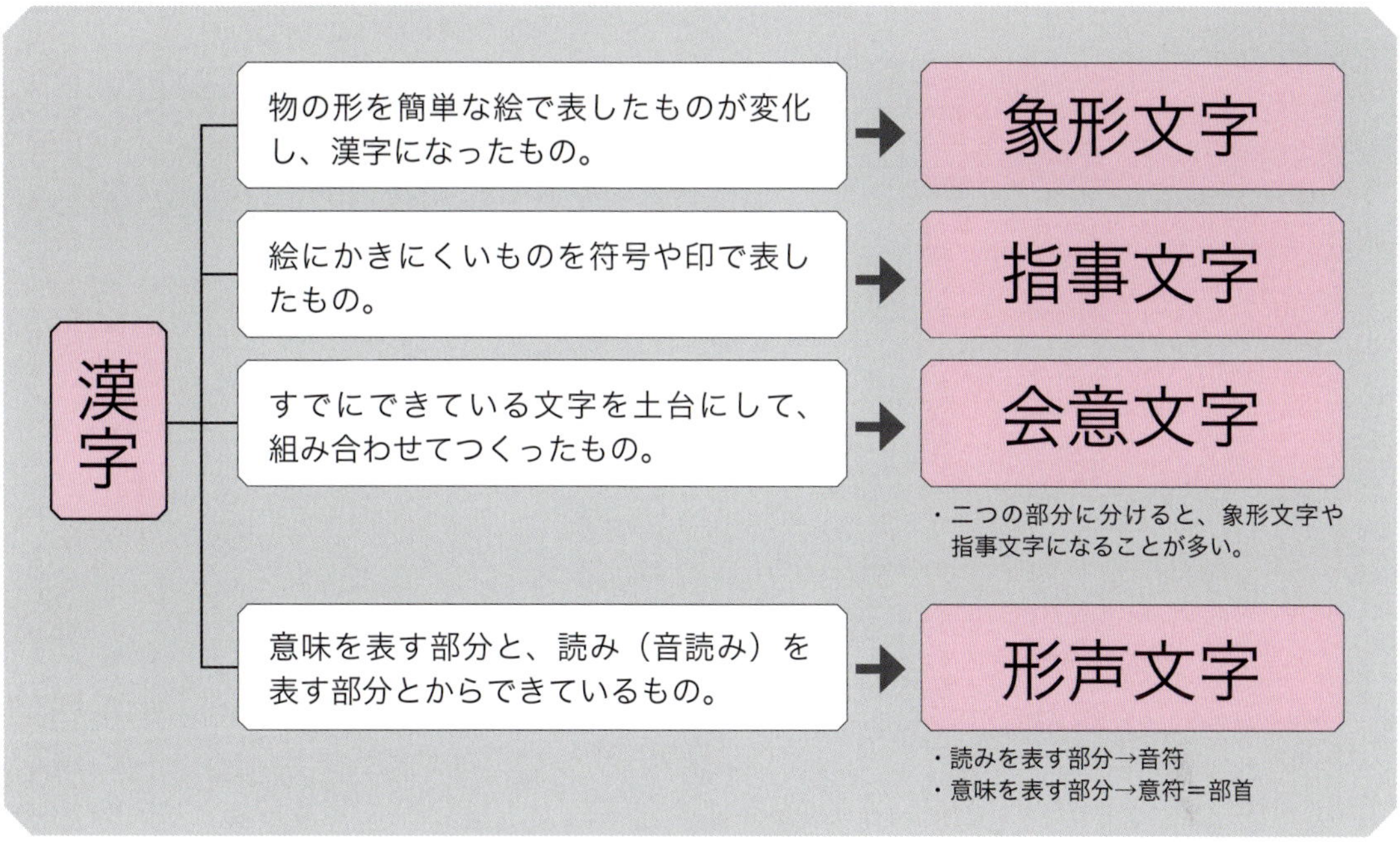
漢字
物の形を簡単な絵で表したものが変化し、漢字になったもの。
象形文字
絵にかきにくいものを符号や印で表したもの。
指事文字
すでにできている文字を土台にして、組み合わせてつくったもの。
会意文字
・二つの部分に分けると、象形文字や指事文字になることが多い。
意味を表す部分と、読み（音読み）を表す部分とからできているもの。
形声文字
・読みを表す部分→音符
・意味を表す部分→意符＝部首

み合わされてできた「鳴」などが代表的な会意文字です。

「計」という漢字も、まとまった数を表す「十」と、その数を言うという意味の「言」からなる会意文字です。

音符がわかると部首がわかる

④形声文字

意味を表す「意符」と、読み（音読み）を表す「音符」とからできている漢字です。

現在、私たちが使っている漢字の約80〜90％以上が形声文字だといわれています。

例えば、「清」は、「さんずい」が水を表す意符で、「青」は「セイ」という読みを表す音符です。同じ音符をもつ「晴」もセイと読みます。

形声文字では、意味を表す意符が、部首になります。ある漢字の部首が何かを考えるときには、その漢字のどの部分が読みを表しているかを見てみます。音符がわかれば、それ以外の部分が意符であり部首であると判断できます。

漢字にはこのほかに、もとの字がほかの意味に使われるようになった「転注《てんちゅう》文字」と、もとの形や意味とは関係なく音を借りて別の意味をもつようになった「仮借《かしゃ》文字」があります。

これらの漢字の分類は、西暦100年頃に成立した最古の部首別漢字字典『説文解字《せつもんかいじ》』による分類で、象形、指事、会意、形声、転注、仮借の六つに分類することから「六書」と呼ばれています。

また、「畑」「働」など、中国でつくられた漢字にならって日本でつくられた漢字もあります。このような漢字を「国字」といいます。「働」は逆輸出され、今では中国でも使われています。

リンク！⬇16・17ページ

象形文字

ものの形を簡単な絵で表したものが変化し、漢字になったもの。

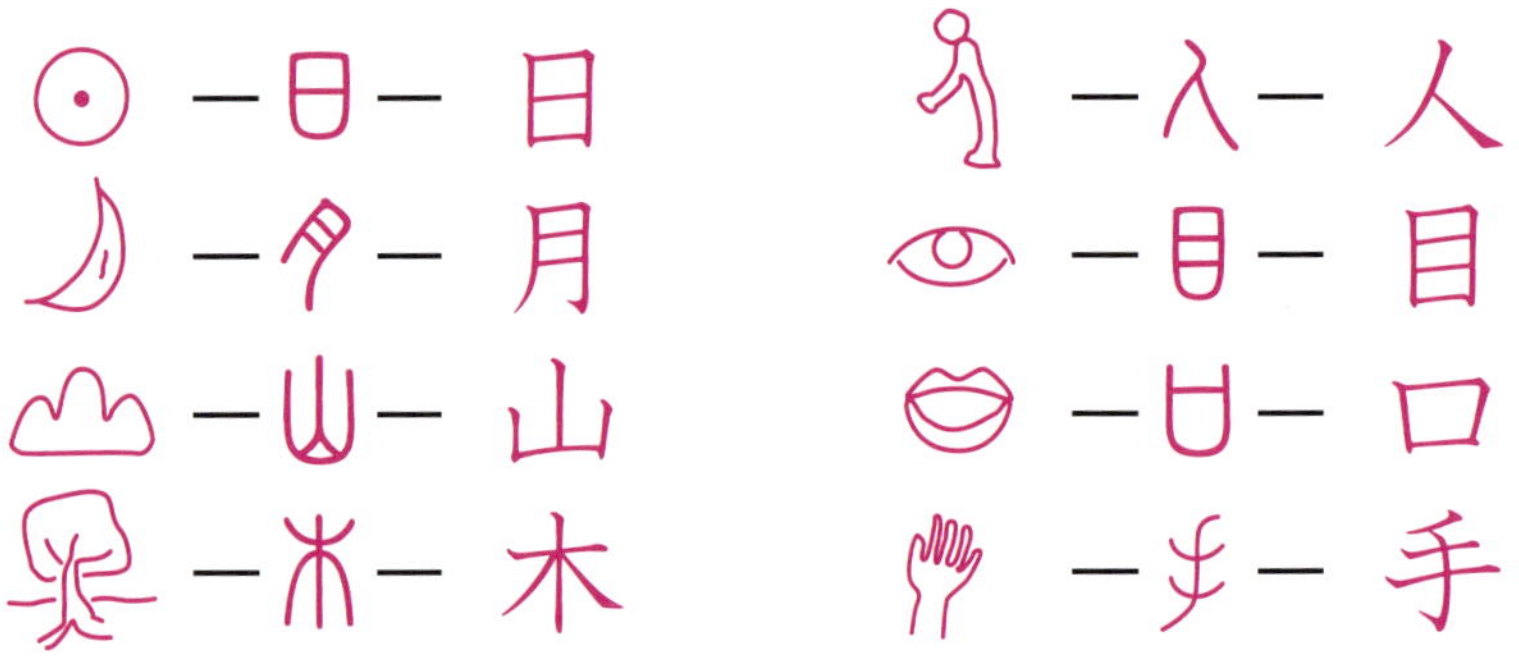

指事文字

絵にかきにくいものを符号や印で表したもの。

物が手のひらの上にある様子から。

物が手のひらの下にある様子から。

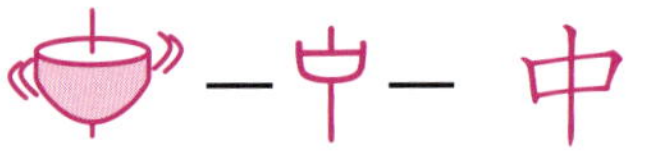

軸が真ん中を通っている様子から。

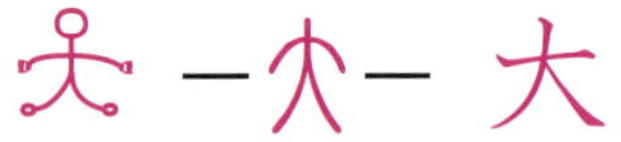

人が大きく体を広げている様子から。

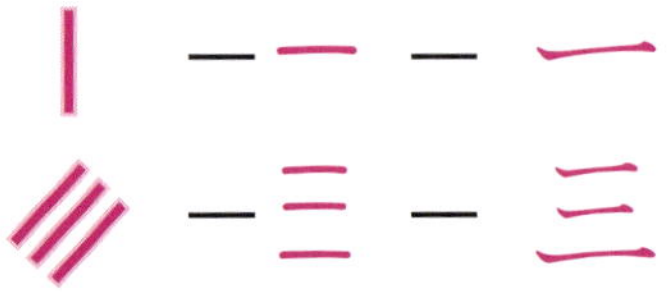

計算に使った算木の数から。

10 本の算木をまとめ、中央でくくった様子から。

会意文字

すでにできている文字を土台にして、組み合わせてつくったもの。

竹＋具＝算

昔は、竹でつくった用具（算木）を使って計算したことから。

夕＋夕＝多

日数が積もり重なることから。「夕」を神に供える肉とする考え方もある。

自＋心＝息

「自」は鼻を正面から見た形。「息」とは、心の様子が鼻から出てきたものと考えられていたことから。

女＋子＝好

「女」は母親を表す。母親が子どもをかわいがることから。

田＋土＝里

土と、区画された土地を表す「田」から。「土」を「神を祭るところ」ととらえ、「田の神を祭る社のあるところ」とする考え方もある。

耳＋又＝取

「又」は手を表す。戦場で敵を討ち取ったとき、その耳を手で切り取ったことから。

漢字に挑戦！3

次の◯の中の漢字を全部組み合わせて、会意文字を五つつくってください。

山　田　石　口　門
系　夕　才　月　子

答えは 124 ページ

形声文字

意味を表す部分と、読み（音読み）を表す部分とからできているもの。

姉

意符	音符
女	市

音読み　シ
意味　おんな
部首　おんなへん

語

意符	音符
言	吾

音読み　ゴ
意味　言葉
部首　ごんべん

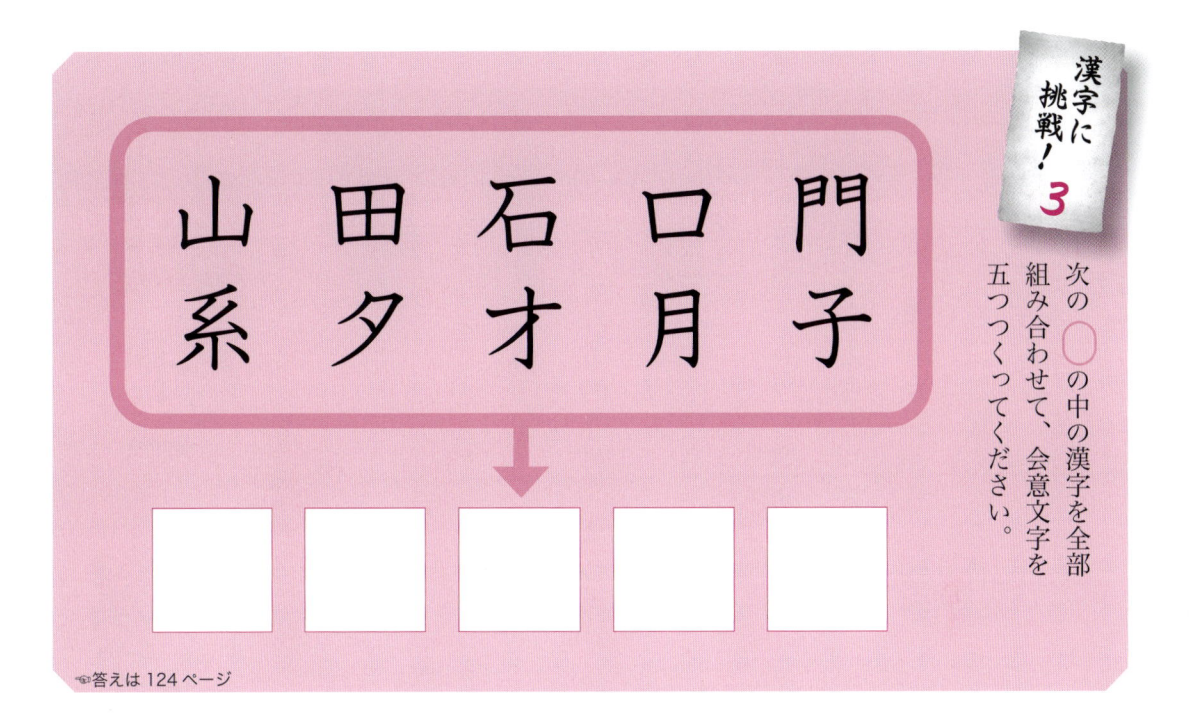

白石式
漢字指導の
秘伝 十一
漢字は二つの部分に分けられる

秘伝

一、漢字を見たら、左右、上下、外と内など、二つの部分に分けよ。

一、漢字を二つの部分に分けてとらえると、読み、意味、筆順がわかり、漢字をまるごと覚えることができる。

漢字は、さまざまなパターンで二つの部分に分けられる

漢字の仕組みを学ぶ第一歩として、漢字の基本的なつくりから見ていきましょう。

まず、多くの漢字は二つの部分に分けることができるということを意識してください。二つに分けて考えると、漢字の読みや意味などが、わかりやすくなります。

分け方には、次のような種類があります。

① 左右二つに分ける

漢字を二つの部分に分けるというと、すぐに思い浮かぶのが「へん」と「つくり」、つまり左右に二つに分ける分け方でしょう。

② 上下二つに分ける

「かんむり」や「あし」の部分をもつ漢字は、上下二つに分けられます。前者には京、究、安、草、符、発、考、雪などの文字があります。後者には益、思、然などの文字があります。

③「かまえ」とそれ以外の部分の二つに分ける

まわりを囲む「かまえ」と、その中の部分に分けられる漢字です。「かまえ」の代表的なものには、「くにがまえ」(国など)、「もんがまえ」(間など)、「どうがまえ」(円など)「かくしがまえ」(区など)、「つつみがまえ」(包など)があります。気の「きがまえ」や、式の「しきがま

漢字に挑戦！ 4

次の漢字を、二つの部分に分けてください。

① 勇

② 郷

③ 以

④ 厳

⑤ 予

⑥ 我

⑦ 乗

⑧ 冊

☜答えは124ページ

え」も「かまえ」の一種です。

「戦」の文字の右側は「ほこがまえ」といいますが、成や我も、「ほこがまえ」をもつ漢字です。

④「たれ」とそれ以外の部分の二つに分ける

上から左下に囲むものが「たれ」です。「がんだれ」（原など）、「やまいだれ」（病など）、「まだれ」（庭など）、「しかばね」（屋など）が代表的なものです。

⑤「にょう」とそれ以外の部分の二つに分ける

「にょう」の代表的なものには、道などの「しんにょう」がありますが、「えんにょう」（「延」など）や、「そうにょう」（「起」など）も「にょう」のなかまです。

これらのほか、三つに分けられる漢字もあります。例えば「健」などです。これは、大きく二つに分けるなら、「にんべん」と「建」の部分に分けられますが、「建」はさらに「えんにょう」とそれ以外の部分に分けられます。

漢字を二つの部分に分けると漢字が覚えやすくなる

ここまでは教科書の漢字の知識でも当然学ぶことです。しかし残念なことに、このように二つに分けて考えることがなんの役に立つのかということには触れられていません。単に、漢字のつくりはこうなっているということを知って終わりです。

漢字を二つに分けて考えることの意味はいくつかあります。

- 読みを知ることができる。
- 意味を知ることができる。
- 筆順を知ることができる。

そしてなにより、これらを知ることによって、漢字をただの記号としてとらえるのではなく、音や意味などをまるごととらえることになり、覚えやすくなるのです。

リンク！⬇16・17、31ページ

白石式
漢字指導の
秘伝
十二
問・聞・閣の部首は何？

秘伝

一、「へんやかんむり、かまえ＝部首」ではない。

一、漢字を、音読みを表す部分（音符《おんぷ》）と、意味を表す部分（意符《いふ》）に分けたとき、意符が部首である。

「門」の部分をもっていても部首が「もんがまえ」とはかぎらない

問　聞　閣

これらの三つの漢字の部首は何でしょう。

おそらく多くの人は、どの字も部首は「もんがまえ」だと答えることでしょう。どの字にも「門」の部分があるからです。

しかし、残念ながらまちがいです。「閣」の部首は「もんがまえ」ですが、「問」の部首は「くち」、「聞」の部首は「みみ」です。

「えっ、どうして？」と感じた方も少なくないと思います。「どうしてどの字にも共通して『門』の部分があるのに、部首になったり、ならなかったりするの？」と。

実はこの部分が、今の漢字教育で不足している部分です。

例えば「間」という字を取り上げて、「間という字には『門』の部分があるね。これを『もんがまえ』というんだよ。間の部首は『もんがまえ』だね」と教えて終わりです。そもそも部首とは何なのかという、漢字の原理・原則の部分を教えないまま、終わってしまうのです。

もちろん、漢字の辞典や、漢字ドリルといったものを見れば、「問」の部首は「くち」、「聞」の部首は「み

漢字に挑戦！5

次の漢字の部首は何ですか。

① 勝
② 朗
③ 学
④ 頂
⑤ 準
⑥ 型
⑦ 街
⑧ 堂

☜答えは 124 ページ

み」ということがはっきり書かれていますが、『もんがまえ』がある漢字の部首は、当然、『もんがまえ』だ」というイメージができあがってしまっているので、ほとんどの子どもは、そしてときには大人も、そのことに気づかないのです。

　イメージと感覚でとらえてしまう国語教育の弊害が、ここにも現れているのです。

部首とは、漢字を二つに分けたときの「意符」の部分である

　ここで改めて、部首とは何なのか、その原則について述べておきましょう。

　混乱しやすいのですが、「問」の「門」の部分も、「聞」の「門」の部分も、「もんがまえ」であることに変わりはありません。しかし、これらの漢字の部首は「もんがまえ」ではありません。漢字の「へん」や「かまえ」などのことをまとめて「偏旁《へんぼう》冠脚《かんきゃく》」とよびますが、偏旁冠脚＝部首ではないのです。

　前項で、漢字を二つに分けるということを述べました。漢字のほとんど（約80〜90％）を占めるといわれる形声文字は、漢字を二つの部分に分けたとき、音（音読みの読み）を表す部分と、意味を表す部分に分けられます。音を表す部分を「音符」、意味を表す部分を「意符」といいます。そして、この意符の部分がその漢字の部首となるのです。

　「閣」の音読みは「カク」ですから、「各」の部分が音符で、「門」は意符となります。したがって部首は「門」、すなわち「もんがまえ」です。

　一方、「問」の音読みは「モン」ですから「門」は音符であり、意符の「口」が部首です。

　同様に「聞」の音読みは「モン」、「ブン」。よって「門」が音符、「耳」が意符＝部首となります。

リンク！⬇16・17、46・47ページ

白石式
漢字指導の
秘伝
十三
漢字には音符がある

秘伝

一、音符を知っていれば、初めて見た漢字でも読みを類推することができる。

一、音符を知っていれば、漢字をまちがえることを防いだり、効率的に覚えたりすることができる。

音符を意識しておくと読みと書きの両方に役立つ

繰り返し述べていますが、漢字の約80～90％は形声文字です。ということは、それらは音符をもっているということになります。

この原理・原則を利用すると、初めて目にした漢字の読みを類推したり、漢字を思い出したりするときに役立ちます。

例えば、「低」、「底」などの字は、いずれも音読みは「テイ」です。「氏」という音符をもっているからです。

このことを知っていると、小学校では学習しませんが「邸宅」という言葉に出会ったとき、「邸」はテイと読むのではないか、「邸宅」とは「ていたく」のことではないかと、類推できるのです。

と同時に、「氏」と「氐」とは違いますから、「低」や「底」の「氐」の下の「一」を書き忘れてしまうことも避けられるようになります。

実は、小学校で学習する教育漢字では、音符が共通している文字のグループは、そう多くはありません。

しかし、音符を意識しながら漢字を学習する習慣を小学校のうちにつけておくと、中学、高校、あるいは社会に出てからさまざまな漢字に出会ったときに、非常に役に立つのです。

リンク！⬇16・17、44・45ページ

漢字に挑戦！6

次の漢字の音符は何ですか。

① 群
② 練
③ 置
④ 裏
⑤ 翌
⑥ 菜
⑦ 住
⑧ 往

☜答えは 125 ページ

音符が共通する漢字の例

音符	読み	同じ音符をもつ漢字と読み	音符	読み	同じ音符をもつ漢字と読み
各	カク・ガク キャク リャク ロ	路《ロ》格《カク》略《リャク》閣《カク》	才	サイ ザイ	材《ザイ》在《ザイ》財《ザイ》
寺	ジ・シ タイ トク トウ	時《ジ》詩《シ》待《タイ》等《トウ》特《トク》	由	ユ・ユウ チュウ シュウ ジク・テキ	笛《テキ》油《ユ》宙《チュウ》
青	セイ・セン ジョウ ショウ サイ	晴《セイ》清《セイ》情《ジョウ》精《セイ》	丁	チョウ テイ	町《チョウ》打《チョウ》頂《チョウ》
反	ハン	坂《ハン》板《ハン》飯《ハン》版《ハン》	可	カ	何《カ》河《カ》

漢字のどの部分を「音符」ととらえるかについては、いくつかの考え方があります。例えば「『落』の部首は「くさかんむり」なので、それ以外の部分、つまり『洛』が『落』の音符である」という考え方のほかに、「音を表しているのは『各』の部分なので、『落』の音符は『各』である」とする考え方もあります。

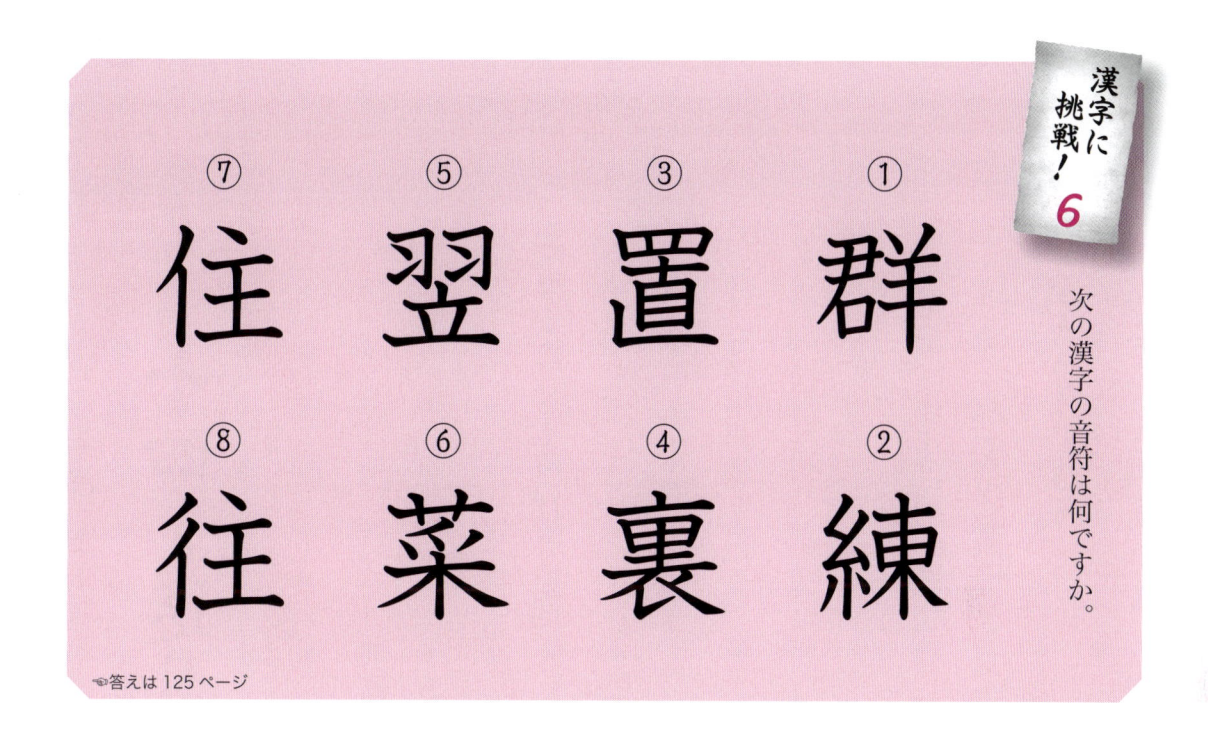

白石式
漢字指導の
秘伝
十四 送りがなにもルールあり

秘伝

一、送りがなにも原理・原則がある。
①活用のある語の場合は、活用語尾を送る。
②名詞には送りがなはつけない。
③副詞、連体詞、接続詞は、最後の音節を送りがなにする。

送りがなにも原理・原則がある

漢字の学習では、漢字そのものの形や読みを覚えるだけでなく、送りがなも覚えなければなりません。これも子どもたちにとってのハードルとなっているようです。

しかし、送りがなも無秩序につけられているわけではありません。送りがなにも原理・原則があるのです。

送りがなの原理・原則①　活用のある語の場合は、活用語尾を送る

例えば「書く（かく）」という言葉の場合、「か－かない・か－きます・か－く・か－けば・か－こう」と活用するので、活用語尾となる部分（かない・きます・く・けば・こう）を送りがなとします。

子どもたちには「使い方によって変わる部分から送りがなにする」と説明すればいいでしょう。

ただし、例外もあります。

[例外1]「～しい」で終わる形容詞は、「しい」から送る。

例　新しい、著しい

[例外2]「か」「やか」「らか」を含む形容動詞は、それらの音節から送る。

例　暖かだ、健やかだ、明らかだ

漢字に挑戦！7

次の**カタカナ**を、漢字に直してください。必要なら送りがなもつけてください。

雨はやみそうにない。私は自分の判断を①**クイタ**。

しかし、ここまで来ておめおめと引き返すのは②**クヤシイ**。もうひとふんばりで③**コイシイ**④**コイビト**に会えるのだ。

湿り気を⑤**オビタ**⑥**オビ**を締めなおすと、私はまた歩き始めた。それにしても、昨夜の山火事の⑦**ケムリ**で⑧**ケムタク**なった⑨**キモノ**を⑩**キタ**ままで彼女に会うのは⑪**ハズカシイ**。⑫**ハジ**をかくことにならなければいいのだが。

そんな心配をしながら歩いていると、突然、⑬**ヒカル**石を見つけた。その⑭**ヒカリ**は何とも不思議な色だった。

☜答えは125ページ

送りがなの原理・原則②
名詞には送りがなはつけない

例えば、「光」という漢字。動詞として使う場合には「光る」と送りがなをつけますが、名詞として使う場合には送りがなをつけず「光」と書きます。

「話す・話」「帯びる・帯」などがこの例にあてはまります。

ただし、これにも例外があります。

【例外1】読み誤りそうな場合には、最後の音節を送る。

例えば「辺」という漢字は名詞として「へん」「あたり」の二つの読み方があります。「この辺で」と書いてあった場合「このへんで」「このあたりで」のどちらかがわからなくなってしまうので、「あたり」は「辺り」と送りがなをつけます。

例　哀れ、勢い、後ろ、幸い、幸せ、全て、便り、情け

【例外2】数を数える「つ」を含む名詞は、その「つ」を送る。

例　一つ、二つ、三つ、幾つ

【例外3】活用のある動詞などから転じた名詞には送りがなをつける。

例　動き、願い、晴れ、問い、近く、遠く

【例外4】「さ」「み」「げ」などの接尾語がついて名詞になったものには送りがなをつける。

例　暑さ、大きさ、重み、惜しげ

送りがなの原理・原則③
副詞、連体詞、接続詞は、最後の音節を送りがなにする

例　必ず、少し、再び、最も、来る《きた》、去る

リンク！⬇16・17ページ

漢字に「絶対」はない

〜漢字研究の成果をどうとらえるか〜

漢字は長い歴史の中で育まれてきました。そのため、さまざまな考え方、とらえ方があります。

例えば、本書でも説明しているとおり、一般に漢字は「象形・指事・会意・形声・転注・仮借」の六つに分類されます。この分類は、現代の研究者らが行った分類ではなく、紀元百年、中国・後漢の時代の儒学者であり文学者であった許慎《きょしん》がまとめた最古の部首別漢字字典『説文解字《せつもんかいじ》』における分類をもとにしたものです。

『説文解字』は、漢字研究の「聖典」と言われることさえあるほどのものです。その一方で、この六つだけでは全ての漢字を分類することはできないとし、例えば「会意形声文字」という新たな分類を用いるといった考え方もあります。

また、ある一つの漢字について、ある辞書では「会意文字」に分類しているが、別の研究者は「象形文字」に分類しているといったことも、珍しいことではありません。

そもそも漢字は、今から三千年以上前、古代中国の殷《いん》の時代につくられた甲骨文字や、青銅器などに鋳込《いこ》まれた「金文《きんぶん》」と呼ばれる古代文字がその起源です。

その後、歴史の中で多くの手が加わり、整理されてきたとはいえ、法則的に完全に分類することは非常に難しいものなのです。

ですから、その探究は研究者らに委ねるものとして、小学校の現場では、「この漢字の分類は何か」といった杓子定規なことばかりにとらわれるのではなく、さまざまな考え方、とらえ方を子どもたちに示すことで、漢字に対する子どもたちの興味や関心を引き出すことが大切だと考えています。

また、送りがなや筆順についても、教科書などに示されたものが唯一無二のものであるというわけではありません。

例えば教育現場で示す送りがなについてのよりどころである内閣告示第2号「送り仮名の付け方」でも「科学・技術・芸術その他の各種専門分野や個々人の表記にまで及ぼそうとするものではない」と明記されています。

しかし、一般の社会生活の中で、さまざまな送りがなのつけ方をしていたのでは、読みまちがいが起こりやすいなどの不都合があります。それを防ぐためのよりどころとなるものが、今、学校で教えている送りがななのです。

筆順についても、書体の違いによって筆順が異なることがありますが、そのどれかを否定するものではありません。少なくとも鉛筆を使って、誤読されない文字を書くために最も適した筆順が、教科書などに示されている筆順なのです。

漢字指導においては、これらのことも念頭においておく必要があるでしょう。

四の巻

文字をきれいに書くことは、文字を覚えることにつながる

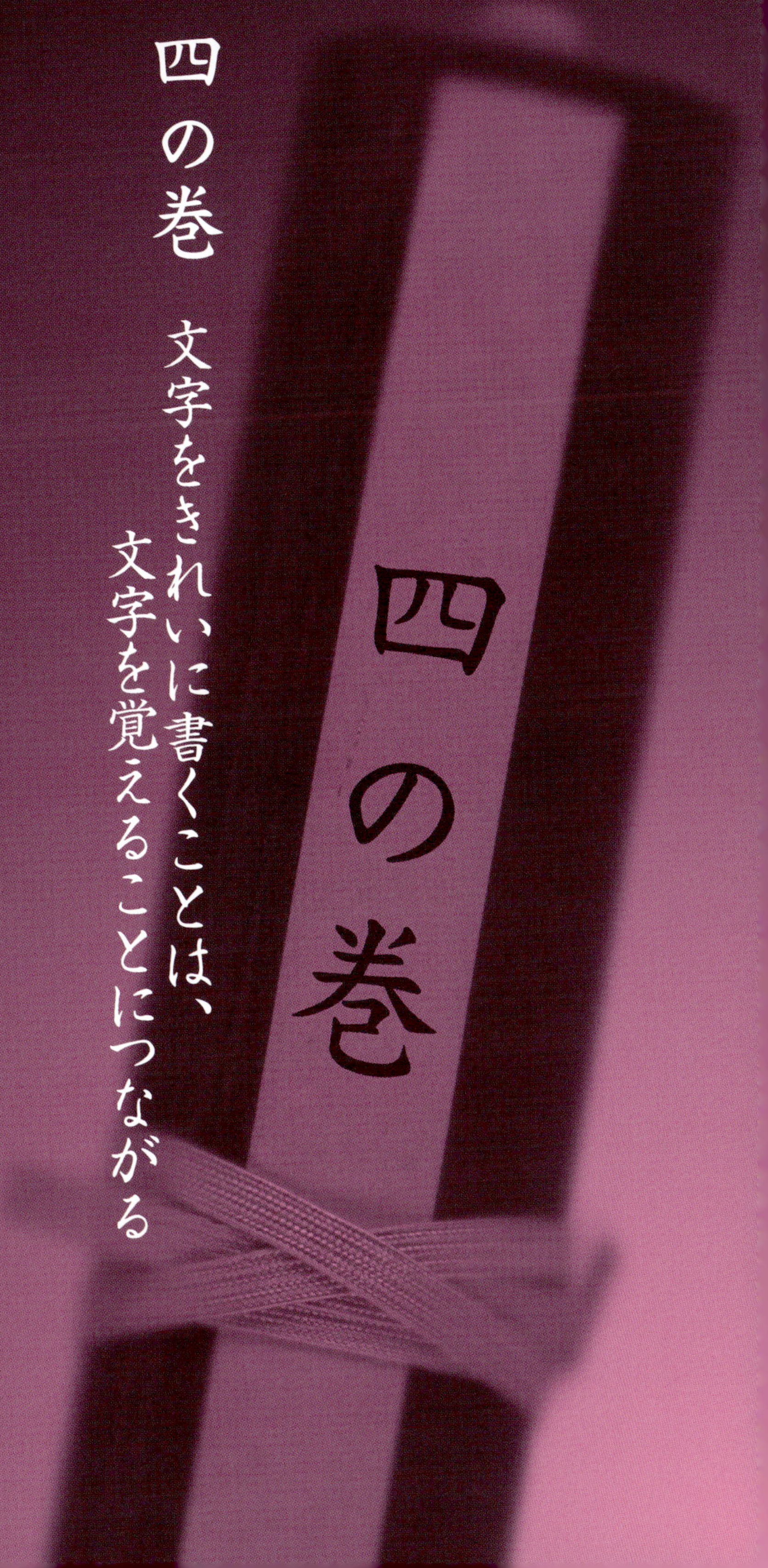

白石式
漢字指導の
秘伝
十五

どうして文字を美しく書く練習をするのか

秘伝

一、文字を美しく書こうとすれば漢字を観察することになり、漢字を覚えることにつながる。

一、字がきたないと「書こう」という気持ちにならず、漢字を見ても覚えられない。

美しい文字を書こうとすると、自然と漢字を観察することになる

字がきたない、美しく書けないという悩みをもっている人は少なくないと思います。

中には「文字なんて、読めればいい。美しく書く練習なんてしなくていい」と開き直っている人もいるようです。

確かに、読むことさえできれば文字としての機能を果たしているといえます。

しかし、だからといって美しい文字、形の整った文字を書く練習をしなくていいというわけではありません。特に子どもたちの漢字の学習では、文字を美しく書く練習をすることは、とても大切なことなのです。

美しい文字を書くためには、手本の字をしっかりと見なければなりません。形や大きさのバランスはもちろん、それぞれの画の長短、向き、はらうのか、とめるのか、はねるのか、点の有無……。これら一つひとつをしっかり見ていくことになります。

このことで、漢字の細部にも気を配り、印象に残すことができます。

漢字をじっくり見れば、漢字の成り立ちについても気がつきます。例えば「解」という漢字ならば「角、刀、牛の三つの漢字が組み合わさってできているんだな」ということに

気づくでしょう。

また、「巻」という漢字「己」の部分を「巳」にしてしまうといったミスも少なくなるはずです。

美しい文字を書くための漢字の観察が、漢字を正しく覚えることにもつながるのです。

「きたなくていい」という意識では漢字を覚えられない

では、手本をしっかり観察しさえすれば、美しい字が書けなくてもいいのではないか……というと、そうではありません。

自分で書いた字がきたないと、字を書くことに対する意欲が小さくなってしまいます。できれば書きたくないと思うようになってしまいますから、漢字練習などやる気がおきません。

「書こう」という気持ちが湧かないままでは、いくら手本とにらめっこをしたところで、細部に気を配ることができませんから、結果として漢字を正確に覚えることにはつながりません。もちろん、整った字を書くこともできません。

つまり、形なんてだいたい合っていればいい、読めればいいといった意識のままでは、いつまでたっても漢字を覚えることはできないのです。

もちろん、多くの人は「自分は字がきたなくていい」などとは思っていないはずです。乱雑な字ばかり書く子どもでも、できればきれいな字が書けるようになりたいと思っているはずです。

ではどうして、きれいな字が書けないのか。答えは簡単です。どうすれば美しい字が書けるのか、何が悪くて字が乱雑になってしまっているのかということについて、本当に必要な指導を受けていないからなのです。次項からそのことを具体的に述べたいと思います。

白石式
漢字指導の
秘伝 十六
美しい文字を書くためにも、練習の方法がある

秘伝

一、練習しても字がきれいにならないのは、正しい練習方法を知らないから。

一、美しい文字を書くためには、手本をよく見る以外に、
①鉛筆を正しく持つ
②手の動かし方を練習する
③漢字を知る
——ことが必要。

「手本をよく見て書きなさい」だけでは、文字は美しくならない

私は、国語の学習でも、具体的な「方法」をきちんと示すことの必要性をいつも申し上げています。また、この本でも、ただ「漢字を覚えなさい」と子どもたちに言うのではなく、漢字を覚えるための「方法」を指導することが大切であると述べてきました。

同じように、美しい文字を書くためにも、練習の方法があります。その方法を指導されることなく、ただ「手本をよく見て書きなさい」と言われただけでは、子どもたちはいくら練習をしたところで、美しい文字、形の整った文字を書くことはできません。どうしたら字が上手になるのか、その具体的な方法を教えることも、漢字指導には必要なのです。

美しい文字を書くために「観察」以外に必要な三つのこと

とはいっても、手本をよく見て練習する以外に、美しい文字を書けるようになるための方法があるのか……と思う方も多いことでしょう。なぜなら、ほとんどの方は、ご自身がそういった指導しか受けてこなかったからです。

確かに手本をよく見ることは美しい文字を書けるようになるため

美しい字を書くために、手本をよく見る以外に必要な三つのこと

鉛筆を正しく持つ
手の動かし方を練習する
漢字を知る

と

には必要なことですし、その大切さは前項でも述べました。

手本をよく見るということは、不可欠な要素です。

しかし、それだけでは美しい文字を書けるようにはなりません。

私は、美しい文字を書けるようになるためには、手本をよく見るということ以外に、大きく三つのことが必要だと思います。

①鉛筆を正しく持つ

正しい鉛筆の持ち方には、意味があります。まちがった持ち方をしていたのでは、正しい鉛筆の動かし方ができず、形を整えることができません。

また、紙と接している鉛筆の先が見えなくなってしまうようなケースもあります。それでは線の長短などをきちんと書くといったことはできません。

②手の動かし方を練習する

文字を書くのは手（正確には指）のはたらき、つまり筋肉のはたらきです。大げさに言えば、スポーツと同じように、正しい動かし方を知り、それが身につくための「トレーニング」が必要だということです。

ところが幼児教育も含めて、このトレーニングがほとんど行われていません。行われているケースがあっても、まちがったトレーニング、意味のないトレーニングになってしまっていることが多いのが実態です。

③漢字を知る

漢字の大まかな形（正方形に近い、三角形に近いなど）にはいくつかのパターンがあります。また、漢字を二つの部分や三つの部分に分けたときには、それぞれの部分の大きさや配置のバランスも問題になります。さらに、筆順も漢字の形を整えることと深く関係しています。

これらについての正しい知識をもつことも、美しい字を書くためには必要なことなのです。

リンク！⬇56〜63ページ

白石式
漢字指導の

秘伝 十七

まずは鉛筆を正しく持とう

秘伝

一、鉛筆の持ち方が悪いと、鉛筆を動かしたりコントロールしたりすることが難しく、字の形、バランスが整わない。

一、細部に注意する意識がもてないので、漢字を正しく覚えることができない。

整った文字を書くためだけでなく漢字を覚えるためにも重要

整った文字を書くためには、鉛筆を正しく持つことの練習から始めなければなりません。

もちろん「鉛筆は正しく持たなければならない」ということは、皆さんご存知のことでしょう。

しかし、どうしてその持ち方で持たなければならないのか、まちがった持ち方をしているとどんな不都合があるのか、といったことを考えたことはあるでしょうか。

鉛筆の正しい持ち方とは、ただのスタイルや作法ではありません。整った字を書くため、さらには、漢字を正確に覚えるために必要なことなのです。

①手を正しく動かすため

整った文字を書くためには、「とめ」「はね」「はらい」などをきちんと書かなければなりません。

そこでカギになってくるのが手の動かし方です。

詳しくはこの本の60ページ以降で説明しますが、手の動かし方と、とめ、はね、はらいをきちんとすることや字の形を整えることは深い関係があります。正しい動かし方をするための前提が、鉛筆を正しく持つということなのです。

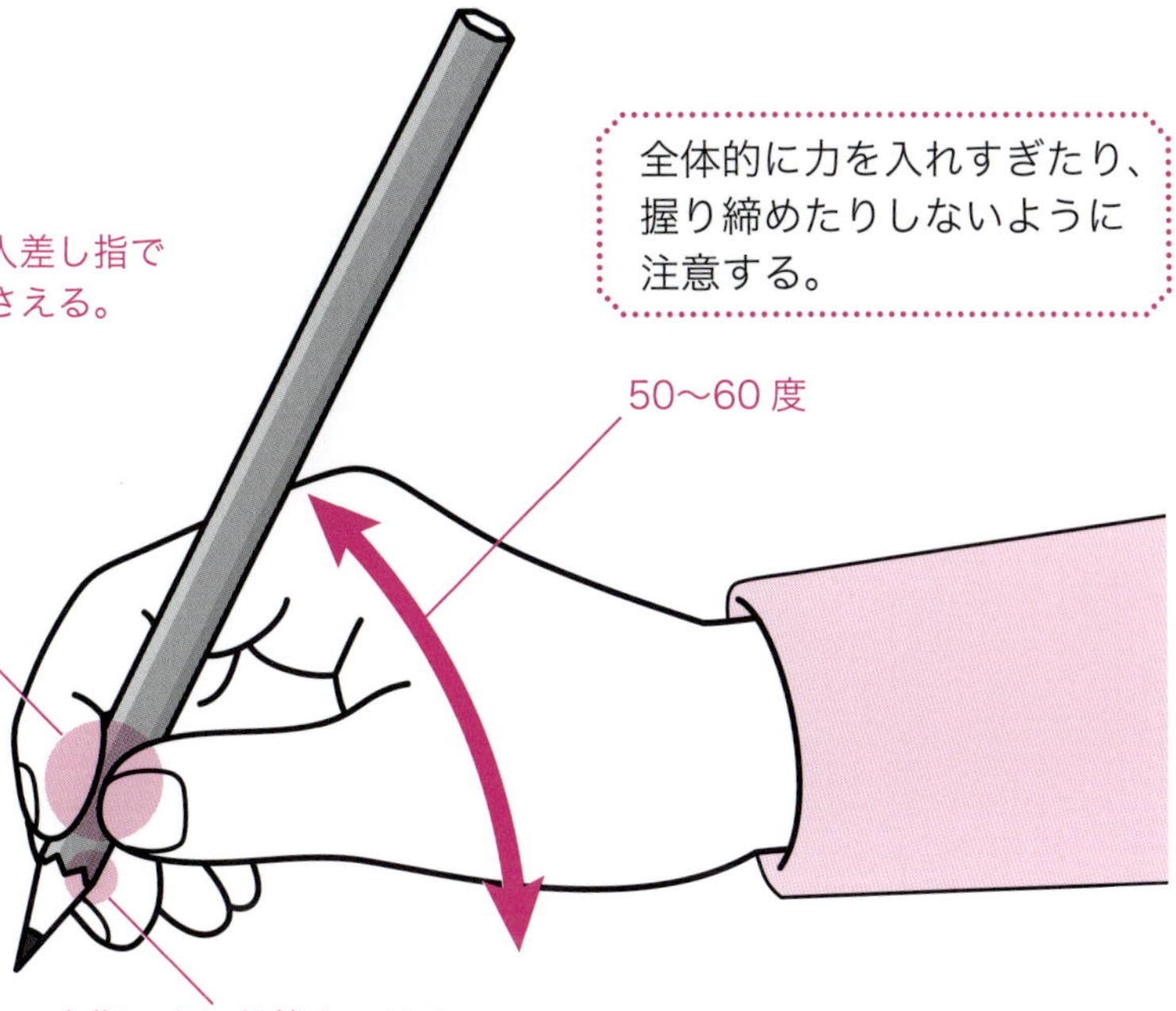
全体的に力を入れすぎたり、
握り締めたりしないように
注意する。
親指と人差し指で
軽くおさえる。
50〜60 度
中指の上に鉛筆をのせる。

②鉛筆の先を見るため

鉛筆で文字を書くのだから、どんな持ち方でも鉛筆の先が見えているはず……というのは誤りです。

鉛筆を包み込むような持ち方をしていると、鉛筆の先を見ることはできません。それでも文字は書けるのですが、二本ならんだ画の長短の違いや、書き出しの位置など、細かい部分までコントロールすることはできません。

また、はねやはらいの方向、全体の形やバランスについても、「なんとなく」書くことになってしまうので、整った字を書くことは非常に難しくなります。

横からのぞき込むようにすれば鉛筆の先が見えないわけではありませんが、それでは姿勢が悪くなり、手の動かし方もくずれてしまいます。

③正しい字の形に対する意識をもつため

①、②で述べてきたように、まちがった書き方をしていると、正しく文字を書くことはとても難しくなります。

しかもそれに慣れてしまうと、「正しく書こう」「細かい部分に注意しよう」という意識が、だんだん薄くなっていきます。

例えば、長短の違いのある二本の画を書くときでも、それを書き分けようとしなくなり、やがて、どちらを長く書かなければならないのかということや、そもそも長短の違いがあることすら忘れてしまいます。

これではいくら漢字練習をしたところで、正しい漢字を覚えることにはならないのです。

次ページでは、鉛筆の正しい持ち方を示すとともに、悪い持ち方の代表的な例を示しますので、漢字指導の参考にしてください。

リンク! ⬇ 54・55ページ

1 こんな 持ち方 していませんか？

子どもによく見られる、鉛筆の悪い持ち方の代表例を3つ見ていきましょう。

1 鉛筆を指と指の間にしっかりと包み込んでいる

見るからに窮屈な持ち方です。この持ち方の場合、「とめ」はしっかりと書けますが、鉛筆を自由に動かすことが難しいので、「はね」「はらい」はうまく書けません。

また、スムーズな動きができないので、ある程度以上の速さで書くのは難しくなります。

また、鉛筆の先が見えにくく、細かくコントロールするときの障害となります。

鉛筆を指と指の間にくっつけず、少し離して持つように指導します。

2 鉛筆を握り締めている

1の持ち方が、さらにひどくなってしまっています。1のときと同様、「はね」「はらい」はうまく書くことができません。また、しっかりとした筆圧で書けますが、やはりスピードをもって書くことは困難です。

また、鉛筆の先は1のとき以上に見えにくくなります。

鉛筆は「握る」のではなく、中指にのせ、親指と人差し指で軽くおさえるように持つことを指導します。

3 鉛筆が前方に倒れている

1、2とは鉛筆の向きが違っていることがわかります。

このような持ち方では筆圧が出せず、線が薄く、細くなります。

この持ち方でも鉛筆を自由に動かすことは難しいので、ある程度以上のスピードが要求される場合には適しません。

2

3

白石式
漢字指導の
秘伝
十八
動かすのは指先のみ! 手首や腕は動かさない!

秘伝

一、美しい文字を書くためには、正しい手の動かし方を練習する必要がある。

一、鉛筆で書くとき、動かすのは指先だけ。手首や腕は動かさない。

手の動かし方を正しく繰り返し練習することが大切

スポーツの練習にはさまざまな目的がありますが、その競技に必要な体の動かし方、筋肉の使い方を体に覚えさせるという面も大きいと思います。

思い通りの方向に、思いどおりの強さでボールをけるためには、足はもちろん、それ以外の体全体をどのように動かすのか、その正しい方法を何度も繰り返し練習することで、体に覚え込ませるわけです。

実はこのことは、文字を美しく書く練習にもあてはまります。

前にも述べたとおり、文字は手を動かして書きます。手を動かすのは筋肉の動きです。

どうすればイメージどおりの線が引けるのか、手本で見たのと同じ形に書くことができるのか、繰り返し書くことで正しい手の動かし方を身につけなくてはなりません。(ここでいう「繰り返し」は、単に漢字を覚えるために機械的に何回も書くという、いわゆる漢字練習のことではありません。)

ただ、そこで注意しなければならないことがあります。それは、「正しい動かし方」で練習しなければ意味がないということです。一度まちがった動かし方を身につけてしまったら、途中からはなかなか直ら

腕を動かすのではなく
×
○
手首から先だけを動かす

ないもので、意味がないどころではなく、悪影響が大きいといえます。

しかも、現状の幼児教育や小学校における入門期教育を見るかぎり、文字を書くための正しい手の動かし方は、ほとんど指導されていません。それどころか、文字を書くという意味では適切でない手や腕の動かし方が見すごされてしまっているのです。

正しい手の動かし方を身につけさせなければ、いくら練習させたところで、子どもたちの字がきれいになることはないのです。

クレヨンで絵を描くときのように腕全体を動かしてはいけない

まず、鉛筆で字を書くときには、腕や手首を動かしてはいけません。動かすのは、指先のみです。

このことが正しく理解されていない例を多く見かけます。

その代表的なものが、腕ごと動かしてしまう書き方です。

おそらくこれは、幼稚園などでクレヨンを使い、画用紙いっぱいに絵を描いていたことが影響しているのではないでしょうか。

幼児が絵を描くためには仕方ありませんが、せめて鉛筆を持たせたときには「鉛筆で書くときの手の動かし方は、クレヨンのときとは違うんだよ」ということを教えてあげてほしいと思います。

鉛筆の正しい持ち方でも示したとおり、小指の付け根の部分を紙面につけると、動かすことができるのは自然と指先だけになることがおわかりいただけると思います。

もちろん、子どもたちはこの指先だけを動かして書くということが最初からできるわけではありません。それにも「正しい練習方法」があります。

リンク！⬇54・55ページ

白石式
漢字指導の
秘伝
十九
手の動かし方の練習には、ぬり絵が最適！

秘伝

一、ぬり絵を丁寧にぬることが手の動かし方の練習になる。ただし、使うのは色鉛筆。正しく動かしているかに注意。

一、小さな正方形の中に何本も線を引いていくことでもトレーニングになる。

丁寧に線をなぞり、はみ出さないように細かくぬっていく

鉛筆で美しい文字を書くための手の動かし方の練習用に、私は「ぬり絵」を勧めています。

もちろん、ぬり絵ならなんでもいいというわけではありません。使い方があります。

まず、道具は色鉛筆を使ってください。クレヨンやクーピーでは練習にはなりません。

色鉛筆を、文字を書くときと同じように持ち、色をぬっていきます。このとき、急ぐ必要はありません。はみ出したりしないよう、丁寧にぬっていきます。

もちろん、前項で述べたように、動かすのは指先だけ。特に、腕ごと動かしたりしないよう注意してください。

また、いきなり真ん中からぬり始めるのではなく、まずは輪郭線に沿って形をとってから、面の部分をぬるようにしてください。面をぬるときには、手を大きくでたらめに動かしてぬっていくのではなく、端のほうから少しずつぬっていくようにします。

これは、「ぬり絵をきれいにぬる」ためではありません。ただぐるぐると色鉛筆を動かしてぬったのでは細かい手の動かし方の練習にはな

■文字を書く練習としてのぬり絵

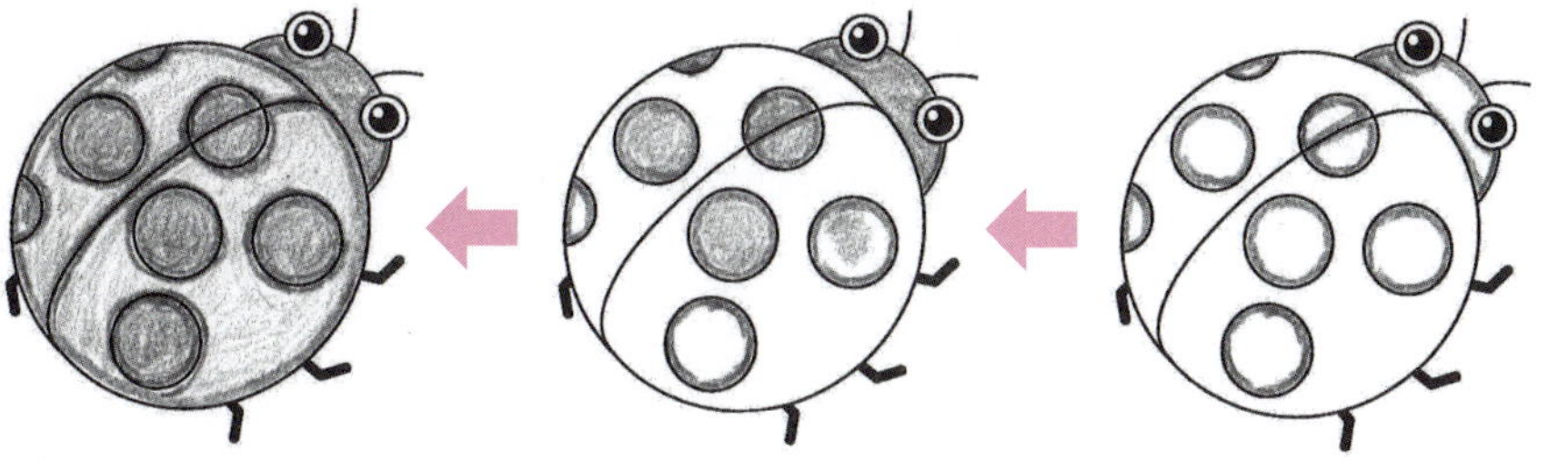

輪郭線の内側をなぞる。

手を細かく動かしながら、丁寧に色をぬる。

力の入れ方を調節し、濃淡も表現する。

■細かい線の練習

フリーハンドで1cm四方の正方形をかく。

できるだけ狭い間隔で、横の線をかく。

同様に、縦の線をかく。

斜めの線もかく。

黒い四角形ができる。

りません。輪郭線からずれないように鉛筆を動かそう、はみ出したりしないよう細かくぬっていこうという手の動かし方を練習するためです。

　私が一年生を担当するときには、ひらがなやカタカナを教える前に、まず、このぬり絵をさせて、手の動かし方のトレーニングをさせます。

　ひらがなやカタカナの指導が始まっても、授業の導入としてぬり絵をさせることもあります。

　ただ、幼稚園などで腕を大きく動かして絵を描く習慣がついてしまっている子どもは少なくありません。ただぬり絵を与えるのではなく、机間巡視をしながら、正しい動かし方ができているかどうか、確かめていく必要があります。

小さな正方形の中に何本線を引くことができるか

　一センチメートルほどの四角の中に線を引いていくという方法もあります。これならば中学年以降の子どもたちでも抵抗が少ないはずです。

　まず、一センチメートル四方の正方形をかきます。定規は使わず、フリーハンドです。きれいな正方形をかこうとすると、これだけでもけっこう練習になります。

　次に、この正方形の中に線を引いていきます。急ぐ必要はありませんが、できるだけ間隔をつめ、何本もの線を平行に引いていきます。うまく書くと、十五本程度の線が引けると思います。はじめに横をかいたら、次に縦、さらに斜め、反対向きの斜めと引いていきます。最後には一センチメートル四方の黒い四角形ができるはずです。

　もちろん、気をつけることは線の間隔を狭くすることだけではありません。最初にかいた輪郭線から出ないようにもしてください。これも、鉛筆を正確に動かすトレーニングになります。

リンク！⬇54・55ページ

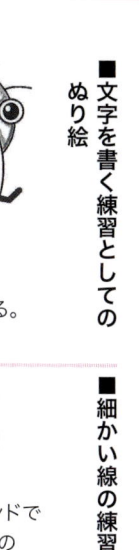

白石式
漢字指導の

秘伝 二十

漫然となぞっても字は覚えられない！

秘伝

一、幼児教材の直線、ギザギザ線、波線をなぞっても文字を書くときの鉛筆の動かし方の練習にはならない。

一、事前指導なしで漢字をなぞらせると、子どもたちは機械的になぞるだけになる。

幼児教材の大きなギザギザ線や波線は、腕を動かさないとなぞれない

市販の幼児向け教材で、文字を書く練習の導入として、直線やギザギザ線、波線などをなぞらせるものがよくあります。しかし、あれでは文字を書くための練習にはなりません。

たいていの場合、直線はページの横幅いっぱいだったり、ギザギザ線や波線の幅が大きかったりします。これでは手の小さな子どもは指先だけで鉛筆を動かしてなぞることはできませんから、どうしても腕全体を動かしてなぞることになります。わざわざまちがった手の動かし方を練習していることになるのです。

画一的な円や曲線は日本語の文字の中には見られない

日本語の文字は、独特の線によって構成されています。文字を美しく書くために練習するのであれば、その形を練習する必要があるのです。長い直線や画一的な円や曲線をいくらなぞっても、日本語の文字の曲線をかくための練習にはならないのです。

例えば「め」「ゆ」「つ」という三つの文字。いずれも右側にふくらんだ曲線がありますが、その形は同じ

めゆっ
どれも右側にふくらんだ
曲線だけど、形はみんな
違っている

ではありません。しかも、幼児教材の中にあった、波線や円をなぞったときと同じ鉛筆の動かし方をする部分はありません。

線の形だけではありません。日本語の文字には、「とめ・はね・はらい」もあります。「い」「さ」「ふ」の文字にはいずれも「はね」がありますが、それぞれのはねの大きさや向きは違っています。

文字を書く練習をするのであれば、これらの独特な線をかく練習をまず行う必要があります。

私は、いきなり文字を書かせるということはしません。例えば「め」という字であれば、右上から左下に向かってかすかにふくらみをもたせながら下ろし、やや角をつけるように曲げたあと、大きくふくらませるように書く——という、「め」の独特な線の形だけを練習させます。この形がしっかり書けるようになれば、整った形の「め」が書けるようになるのです。

なぞる前に指導をするからこそ なぞりながら文字を覚えられる

小学校で使っている漢字教材にも、薄く印刷された文字をなぞって練習するようになっているものが多く見られます。

これも、ただ漫然となぞらせているだけでは、意味がありません。子どもたちは幼児教材で直線やギザギザ線をなぞったときと同じ感覚で、ただ機械的になぞるだけで終わってしまうことでしょう。

大切なことは、なぞらせる前に、どの部分を意識しながらなぞるのかをきちんと指導することです。「ここはただ二本の棒が並んでいるのではなく、下のほうが短いんだな」「この線の書き出しの位置は、意外と上なんだな」といったことを意識しながらであれば、手本をなぞることが記憶の定着につながります。

リンク！⬇68〜71ページ

白石式漢字指導の

秘伝二十一 筆順を意識するとひらがなも美しくなる

秘伝

一、文字の筆順は、「意味のない形式的なルール」ではない。

一、正しい筆順で文字を書くと、形が整うだけでなく、文字をまちがえることが少なくなる。

まちがった筆順だと形が整わない

ひらがなを美しく書くためにもう一つ意識しなければならないのが「筆順」です。

文字の筆順は「意味のない形式的なルール」ではありません。正しい筆順で書くと、鉛筆の運びがスムーズになり、形も整います。

例えば「ら」という文字。点を後から書く子どもが多く見られますが、その場合、点の位置や大きさがアンバランスになり、なかなか形が整いません。

「さ」も、縦棒を先に書いてしまうと、あとから書く横棒の部分とのバランスがとりにくくなります。縦棒を先に書いてしまうと横棒と下の棒を続けて書くことになり、鉛筆の運びもぎくしゃくします。

誤読されない字を書くためにも筆順は大切

正しい筆順で書くことは、文字をまちがえたり、誤読を招くような字になってしまったりすることも防ぎます。

例えば「よ」という文字。横棒をあとから書くと縦棒とクロスしてしまいやすくなります。

また、「お」などと誤読しやすい形になってしまうこともあります。

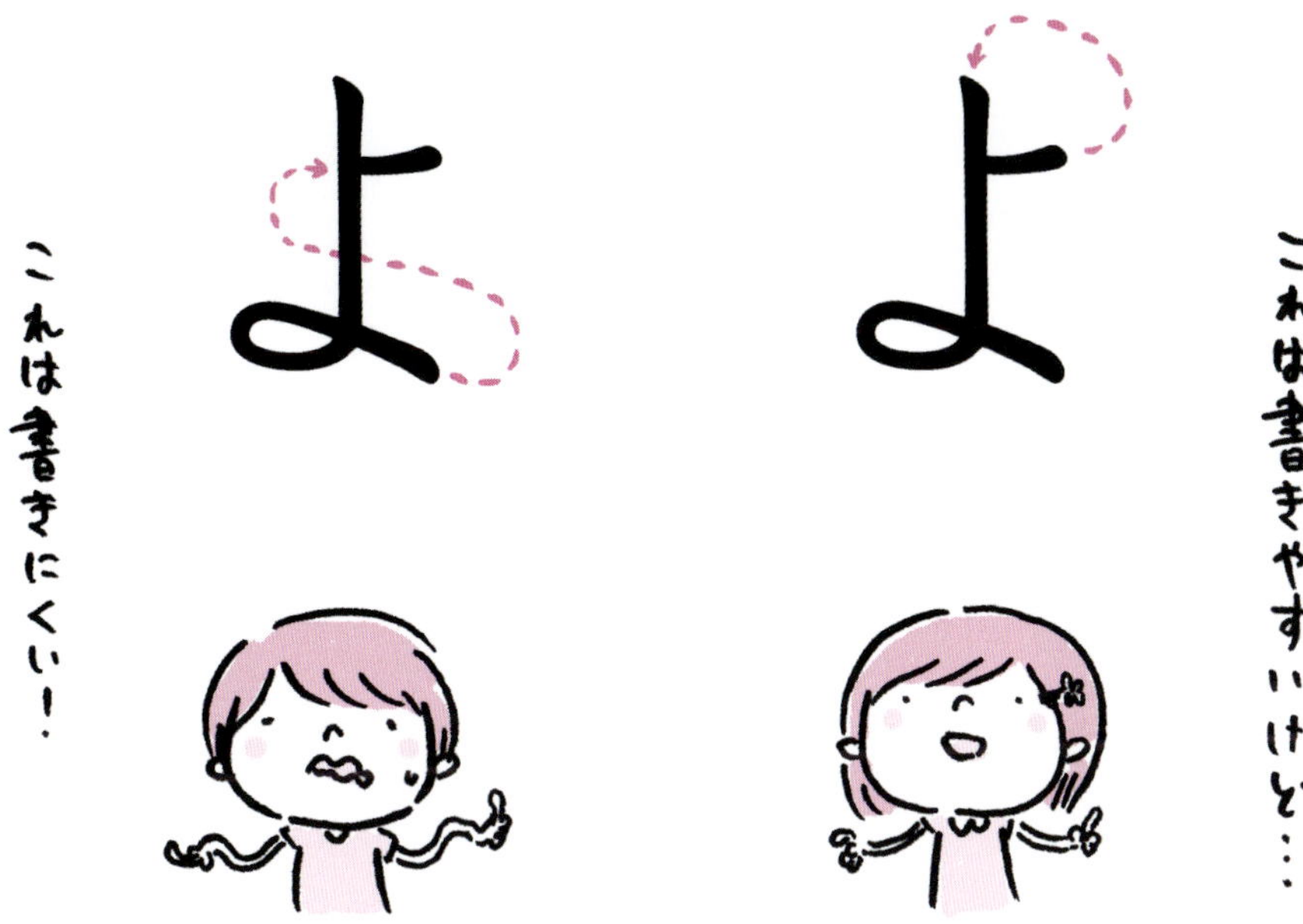

横棒を先に書くことで長さや位置の調節をしやすくなるので、字形が整い、読みやすい字となります。

正しい筆順とは、ストレスなく文字を書く方法でもある

ひらがなは、漢字の草書体が変化して成立したと考えられています。草書体は漢字を大きくくずし、早く書くことのできる書体。いわゆる楷書とは違い、なめらかに筆が動かせるようになっています。

その草書体がもとになっているので、ひらがなを書くときにも、正しい筆順通りに書くことが、最もなめらかに鉛筆を動かすことにつながり、ストレスなく書くことができるのです。

大人でもそうですが、たくさんの文字を書くということは、けっこう疲れるものです。まだまだ文字を書きなれていない低学年の子どもたちにとってはなおさらのことでしょう。

それに加えてまちがった筆順で書いていると、鉛筆の運びがどうしてもぎくしゃくしてしまい、動かしにくくなります。文字を書くことに対する負担がさらに大きくなります。「文字を書くことは楽しくない、嫌だ」と思ってしまう子どももいることでしょう。

鉛筆の運びを意識することは、とても大切なことです。運びを意識しながら書くことも、文字の形を整えることにつながります。

例えば「い」や「こ」の文字。単純に二本の棒が平行に並んでいるわけではありません。長さや向きがちがっています。そもそも「直線」ではなく、微妙な曲線となっています。正しい筆順、鉛筆の運びで書くと、おのずとその形が整ってきます。

リンク！⬇14・15ページ

白石式
漢字指導の
お宝

二

ひらがなの「形」を練習しよう

ひらがなの練習をするときに大切なことは、「とめ」「はね」「はらい」や、線の曲げ方、つなげ方などを意識した練習をすることです。しかもこれらは、どれも同じ形をしているわけではありません。例えば線の曲げ方にしても、文字によって違っています。

ここでは、ひらがなの「とめ」「はね」「はらい」や曲線について、特徴的な部分だけを抽出しました。これらをきちんと書き分けることができるようになると、文字が美しくなってきます。

ひらがなの練習を行うとき、まずはこのように特徴的な部分の形を書くときの鉛筆の動かし方を先に練習させてください。

はらい

例えば「け」と「り」の下へのはらい。同じように見えますが、縦に勢いよくはらう「け」に対して、「り」は少しふくらみをもたせてはらうため、はらいの向きや長さも異なります。

はらう前の線の様子も含めて注意してください。

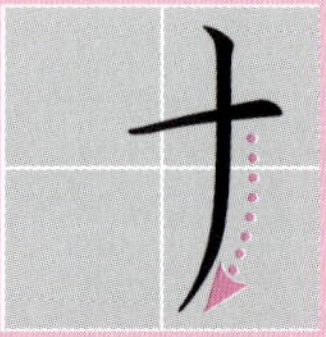

け

縦に、勢いよくはらう。

ら

ふくらみをもたせてはらう。

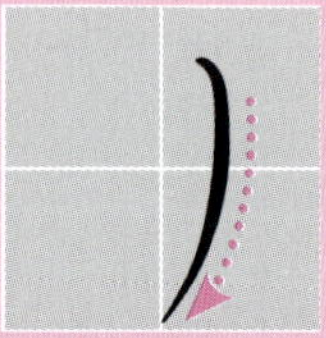

り

直線ではなく、右側にふくらみをもたせながらはらう。

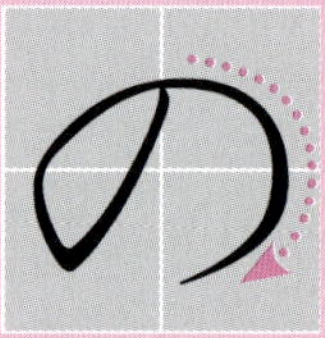

の

大きくふくらませてはらう。

わ

大きくふくらませてはらう。

し

角張らせず、ふくらませるように丸めながら上方向にはらう。

す

丸めた部分からの曲線に続けて、丸みをもたせてはらう。

め

勢いよくはらう。

ち

大きくふくらませてはらう。

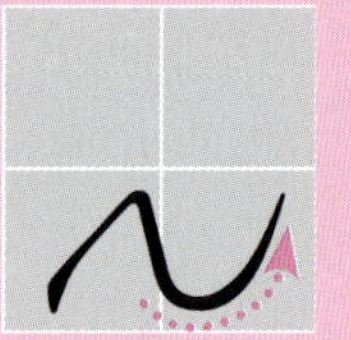

ん

丸みをもたせたあと、上方向にはらう。意外と形をつくりづらいので注意する。

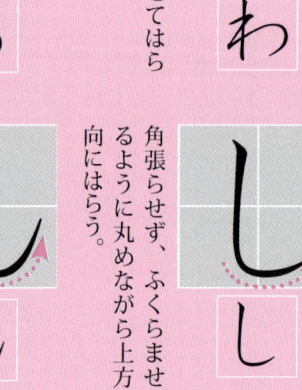

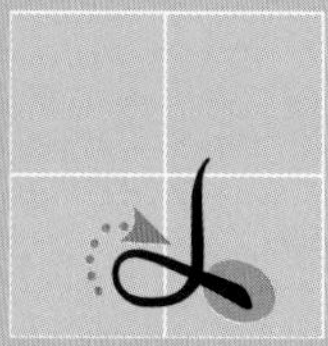

な

小さく丸めたあと、しっかりとめる。

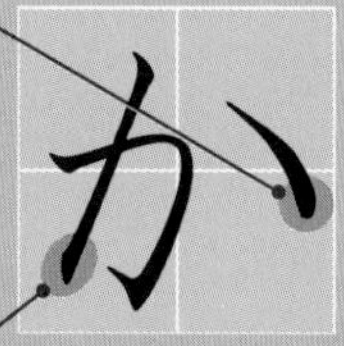

か

ただの点や棒ではなく、しっかりとめる。

はらわずにとめる。

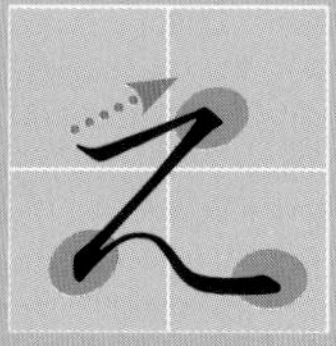

え

三か所でしっかりとめる。

そ

四か所でしっかりとめる。特に、最後をはらわないように注意する。

とめ

「とめ」には、「しっかりしたとめ」と「軽いとめ」の二つがあります。「な」の最後や「か」の点などはしっかりとめます。「そ」は途中の折れの部分でもしっかりとめましょう。「あ」や「め」の縦画は軽くとめるようにします。

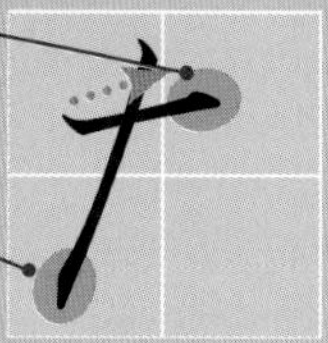

た

右上に向けてとめる。

とめる。はらってしまわないよう注意する。

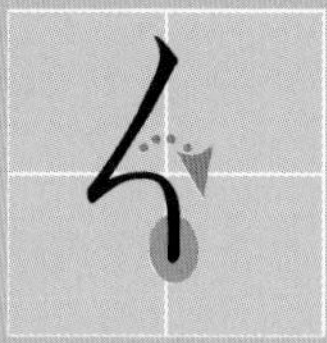

を

角張ったり、丸みが大きくなったりしないよう注意し、軽くとめる。

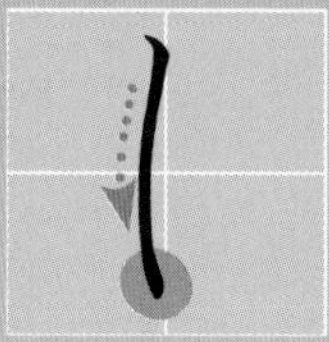

あ

左側に少しふくらませたあと、はらわずにとめる。

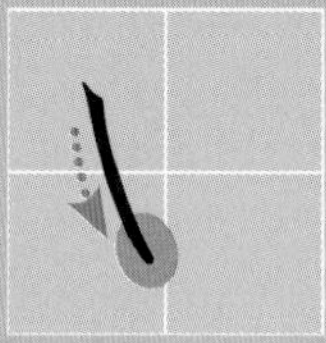

め

ややふくらむようにして、軽くとめる。

はね

「はね」にも、「大きなはね」と「小さなはね」があります。はねの大小は、次の画へのつながり方とも関係しています。はねるかはねないかだけではなく、はねの大小や向きにも注意してください。

さ

ややそらせたあと、小さくはねる。

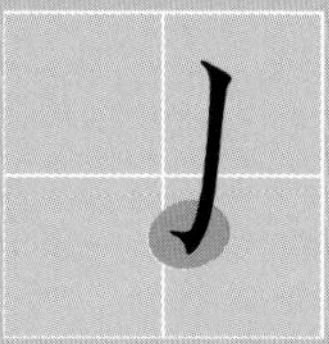

せ

少しふくらみをもたせ、小さくはねる。

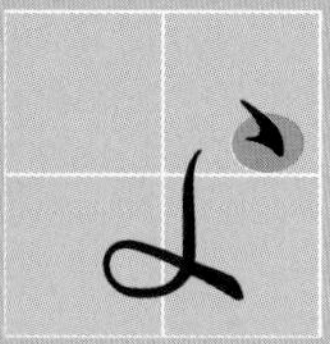

な

次の画につながるように、小さくはねる。

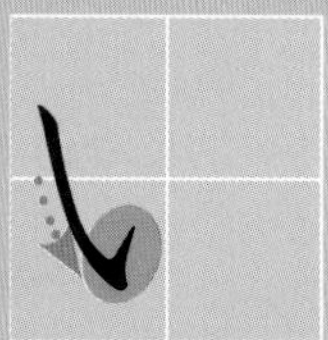

い

ふくらみをもたせたあと、右上に大きくはねる。

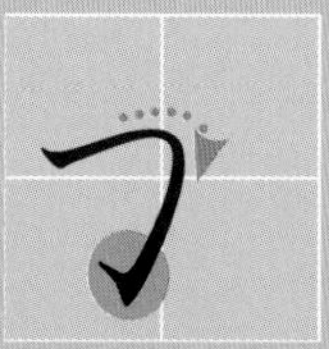

か

大きくはねる。とめてしまわないよう注意する。

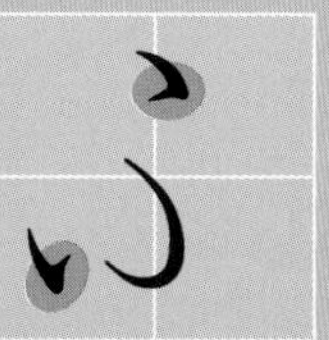

ふ

二か所とも、次の画につながるように小さくはねる。

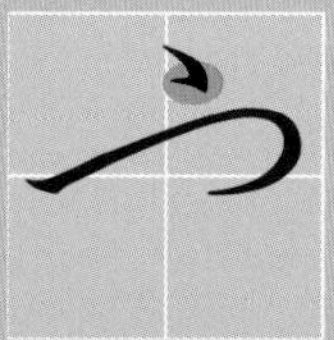

や

次につながるように、小さくはねる。

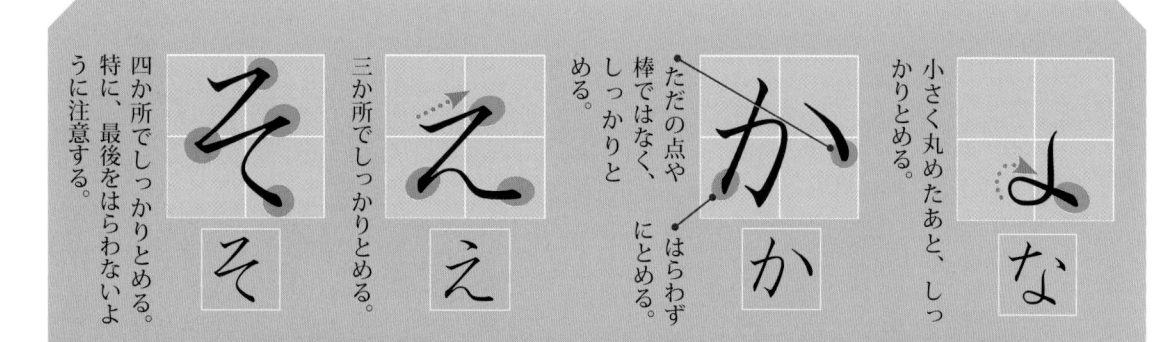

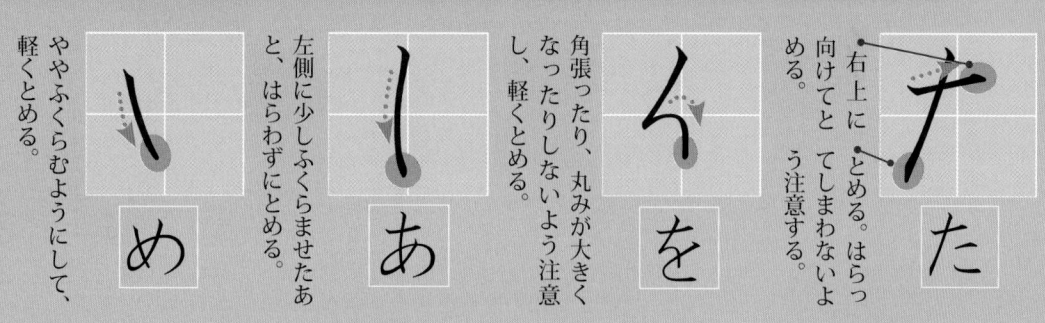

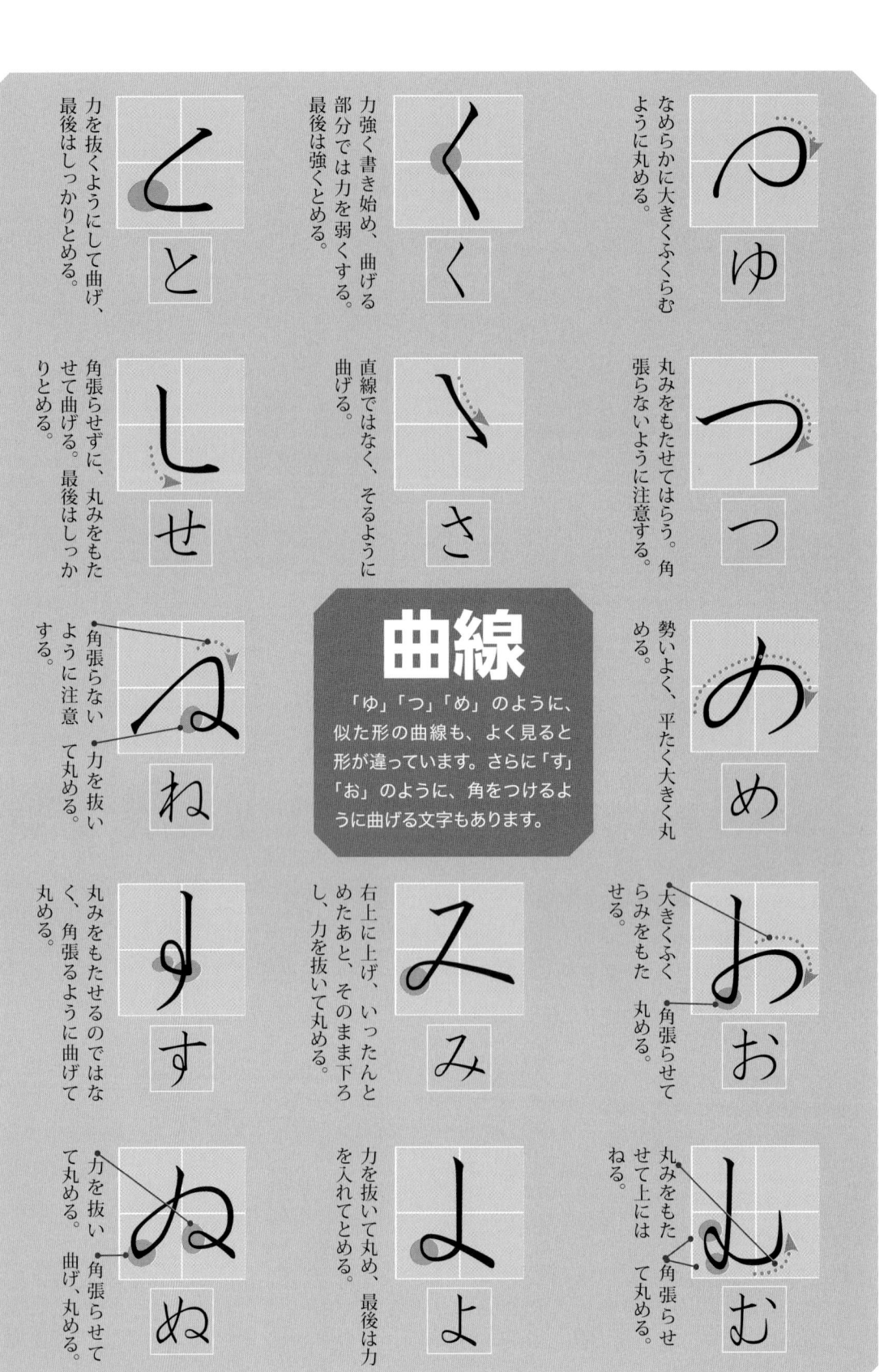

曲線

「ゆ」「つ」「め」のように、似た形の曲線も、よく見ると形が違っています。さらに「す」「お」のように、角をつけるように曲げる文字もあります。

ゆ
なめらかに大きくふくらむように丸める。

つ
丸みをもたせてはらう。角張らないように注意する。

め
勢いよく、平たく大きく丸める。

お
大きくふくらみをもたせる。
角張らせて丸める。

む
丸みをもたせて上にはねる。
角張らせて丸める。

く
力強く書き始め、曲げる部分では力を弱くする。最後は強くとめる。

さ
直線ではなく、そるように曲げる。

み
右上に上げ、いったんとめたあと、そのまま下ろし、力を抜いて丸める。

よ
力を抜いて丸め、最後は力を入れてとめる。

と
力を抜くようにして曲げ、最後はしっかりとめる。

せ
角張らせずに、丸みをもたせて曲げる。最後はしっかりとめる。

ね
角張らないように注意する。
力を抜いて丸める。

す
丸みをもたせるのではなく、角張るように曲げて丸める。

ぬ
力を抜いて丸める。
角張らせて曲げ、丸める。

つながりと筆順

ひらがなのもとは漢字をくずして書く草書体なので、もともとはそれぞれの画がつながっています。つながりを意識すると文字の形が整うだけでなく、筆順の意味もわかります。

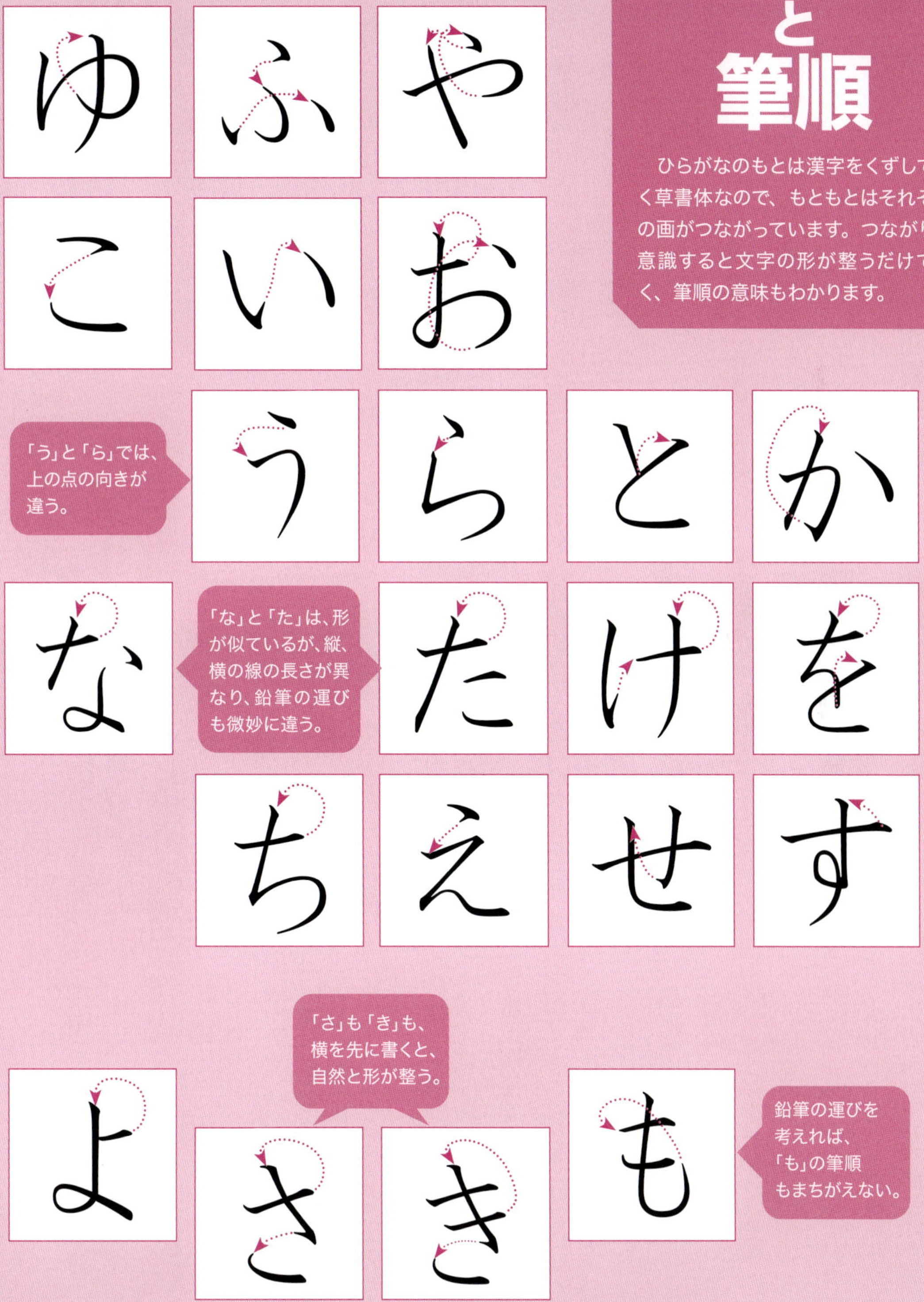
ゆ
ふ
や
こ
い
お
「う」と「ら」では、上の点の向きが違う。
う
ら
と
か
な
「な」と「た」は、形が似ているが、縦、横の線の長さが異なり、鉛筆の運びも微妙に違う。
た
け
を
ち
え
せ
す
「さ」も「き」も、横を先に書くと、自然と形が整う。
よ
さ
き
も
鉛筆の運びを考えれば、「も」の筆順もまちがえない。

白石式
漢字指導の
秘伝
二十二
漢字の形にもパターンがある

秘伝

一、ノートのマス目も、原稿用紙も正方形。しかし、漢字は正方形とは限らない。

一、一つひとつの文字の形やバランスを意識することで文字が整い、まちがいも減る。

漢字の形は正方形とは限らない

国語の学習で使うノートも原稿用紙も、マス目は正方形です。その影響でしょうか、漢字の外形は正方形のようなイメージがあるようです。

特に子どものノートを見てみると、どんな字も正方形のマス目いっぱいに書いている子どもがいるものです。

しかし、実際には漢字の外形は正方形とは限りません。

例えば、「目」「自」といった文字は正方形というより縦長の長方形だといえるでしょう。「工」「皿」といった字は横長の長方形です。

こういった、文字それぞれの「形」を意識することが、美しい文字を書くための第一歩ということができるでしょう。

二つや三つに分けたときの大きさのバランスも大切

漢字は二つや三つの部分に分けることができると述べましたが、それぞれの部分が同じ大きさではありません。同じ大きさで書いてしまうと、どうにもバランスの悪い字になってしまいます。

例えば「林」という字を見てみましょう。へんもつくりも「木」が変形したものですが、同じ大きさでは

「身」はスリムだけど
「腹」はどっしりしている
腹
身

ありません。へんのほうがやや狭くなっていることがわかるでしょう（実は狭いだけでなく、右側の「はらい」が「とめ」になっているという違いもあります）。

ただ狭い・広いの違いだけではありません。例えば「曜」という漢字の「ひへん」を見てみると、つくりに比べて狭いだけでなく、縦幅も狭いことがわかるでしょう。これを同じ大きさに書いてしまうと、まったくバランスの悪い字になってしまいます。

三つに分けることができる漢字でも、同様のことが言えます。

三つに分けることができる漢字を子どもに書かせると、どうしても横幅が広くなってしまいがちです。これは、どの部分も同じ幅で書いてしまっているからです。

例えば真ん中の部分を細くする、あるいは左右を細くするといったことで、全体の形も整ってきます。

文字の中心、線の間隔、線の向きにも気を配る

漢字の中心に対する意識も大切です。一文字として整えるだけでなく、縦書きのときにこの中心をそろえることで、全体が整って見えます。

意外と忘れられがちなのが、平行する線の間隔と向きです。

何本か線が平行する場合には、間隔をそろえることで整って見えるようになります。

ただし、線の向きは必ずしも数学的にいう平行とはかぎりません。例えば「三」という文字は、真ん中の線はわずかに右上に向かいほぼ直線ですが、上の線はそるような形でさらに上向きになります。下の線は反対に下向きになります。

これらのバランスや間隔、向きなどに注意しながら書くと、文字の形が整うのです。

リンク！⬇14・15、74〜81ページ

白石式 漢字指導のお宝

三 漢字の「形とバランス」を意識する

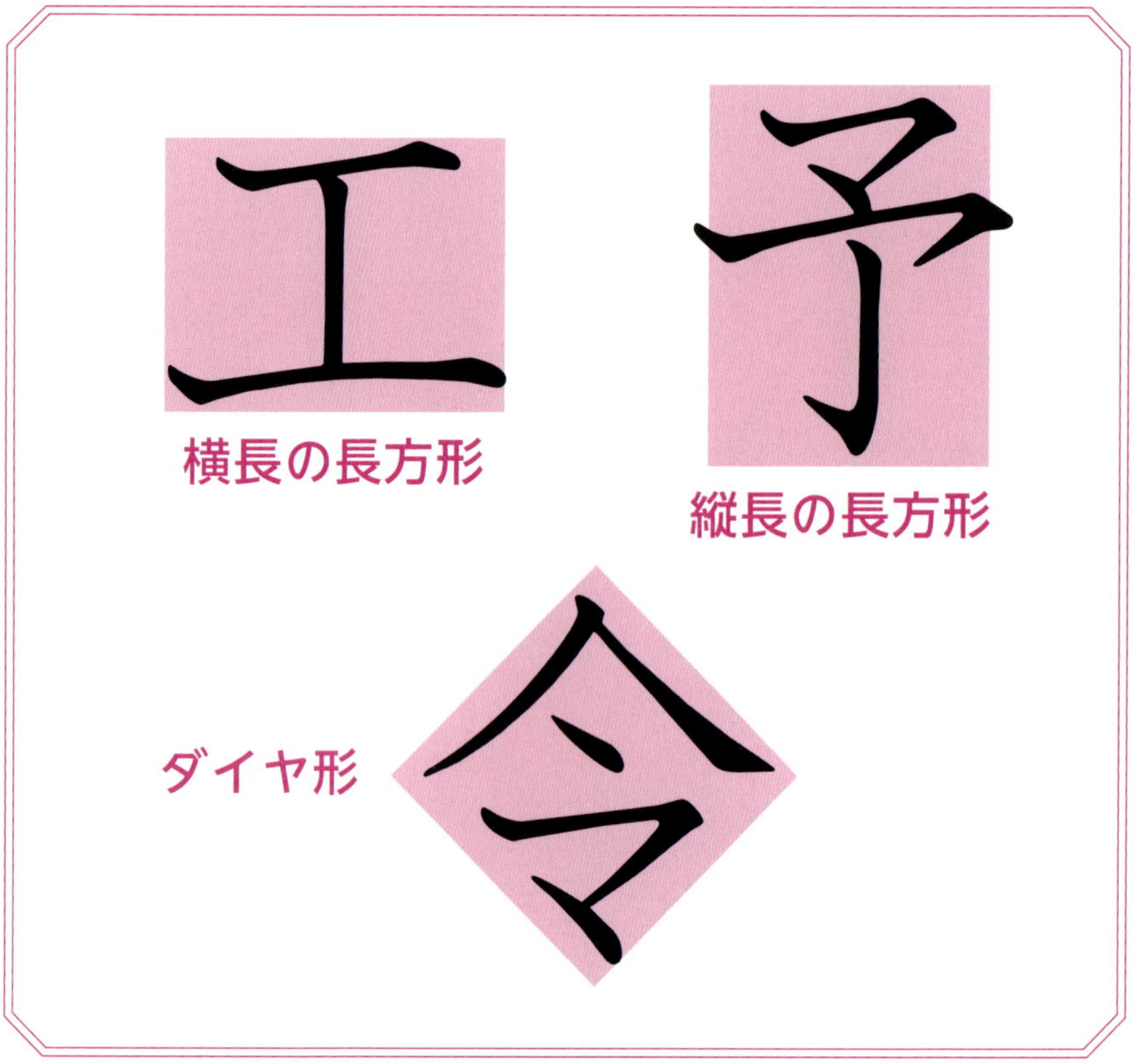

文字の形①
縦長の長方形・横長の長方形・ダイヤ形

漢字の形というと正方形というイメージがあります。確かに「国」や「問」などは正方形ですが、同じ四角形でも縦長の長方形や横長の長方形の文字もあります。さらに、正方形を斜めに倒した、ダイヤ形ともいえる形の漢字もあります。ダイヤ形の字は、中央部が左右ほぼ対称に広がるようにバランスをとります。

縦長の長方形の例
予貝月糸角自員負責貧系

横長の長方形の例
工二四心血皿向並

ダイヤ形の例
令右子手牛午今寺号告争

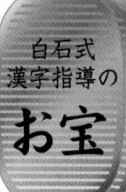

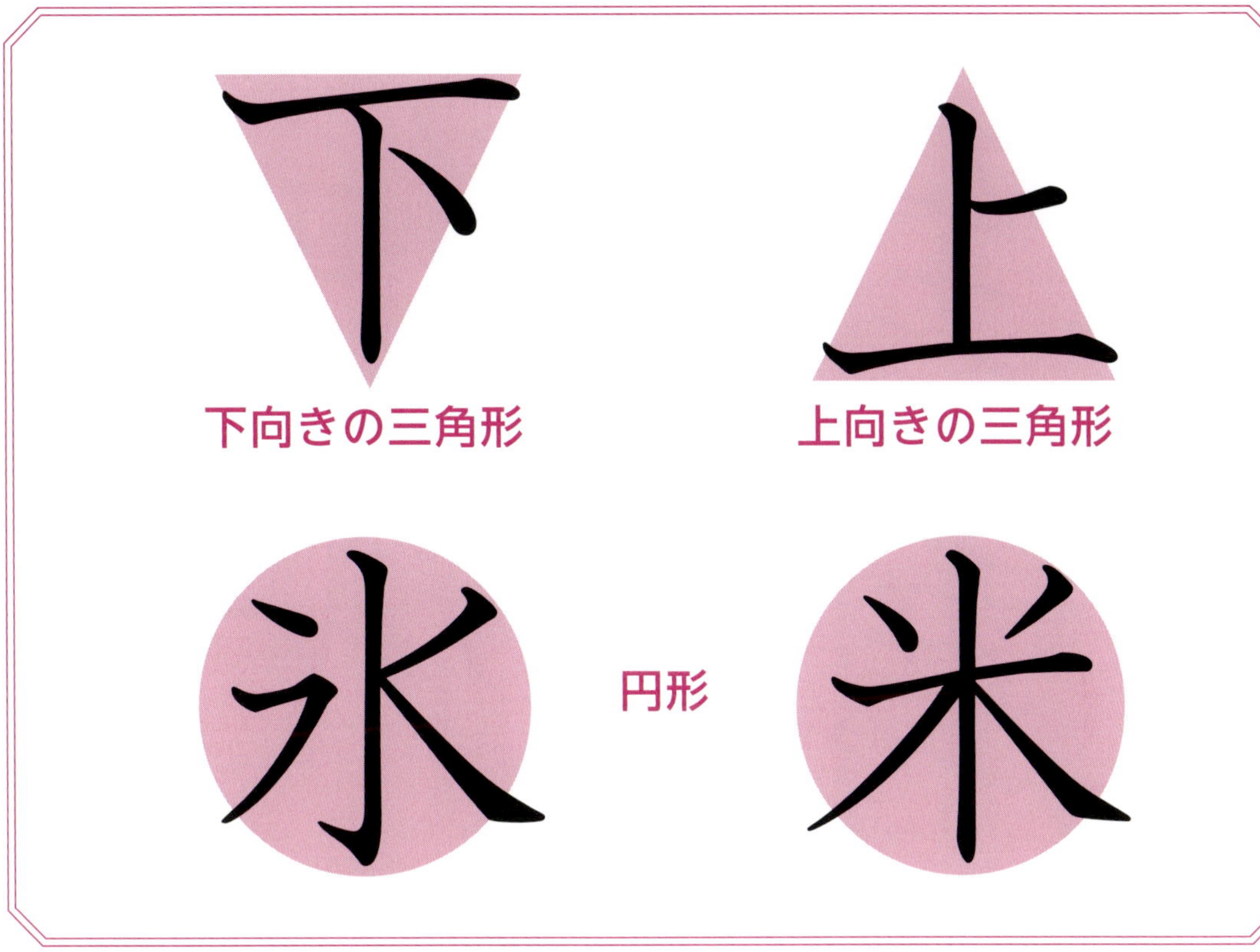

文字の形②
上向きの三角形・下向きの三角形・円形

三角形をイメージすると形が整う漢字もあります。

「上」「山」などは、中央部が最も高く、左右の底辺部分がほぼ対称に広がるように書くといいでしょう。

「下」「士」などは、反対に下向きの三角形をイメージすると形が整います。「可」「寸」なども下向きの三角形があてはまりますが、下向きの線が左右の中心より右に寄っていることに注意してください。

円を意識するといい文字もあります。「米」「氷」などです。左右の上下方向に伸びる線などが、文字の中心からほぼ同じ距離になるようにする、つまり同心円付近にそろうようにすると、バランスのよい文字になります。

上向きの三角形の例
上犬左山人土入八止夫未

下向きの三角形の例
下丁士可宇寸

円形の例
米氷水文父

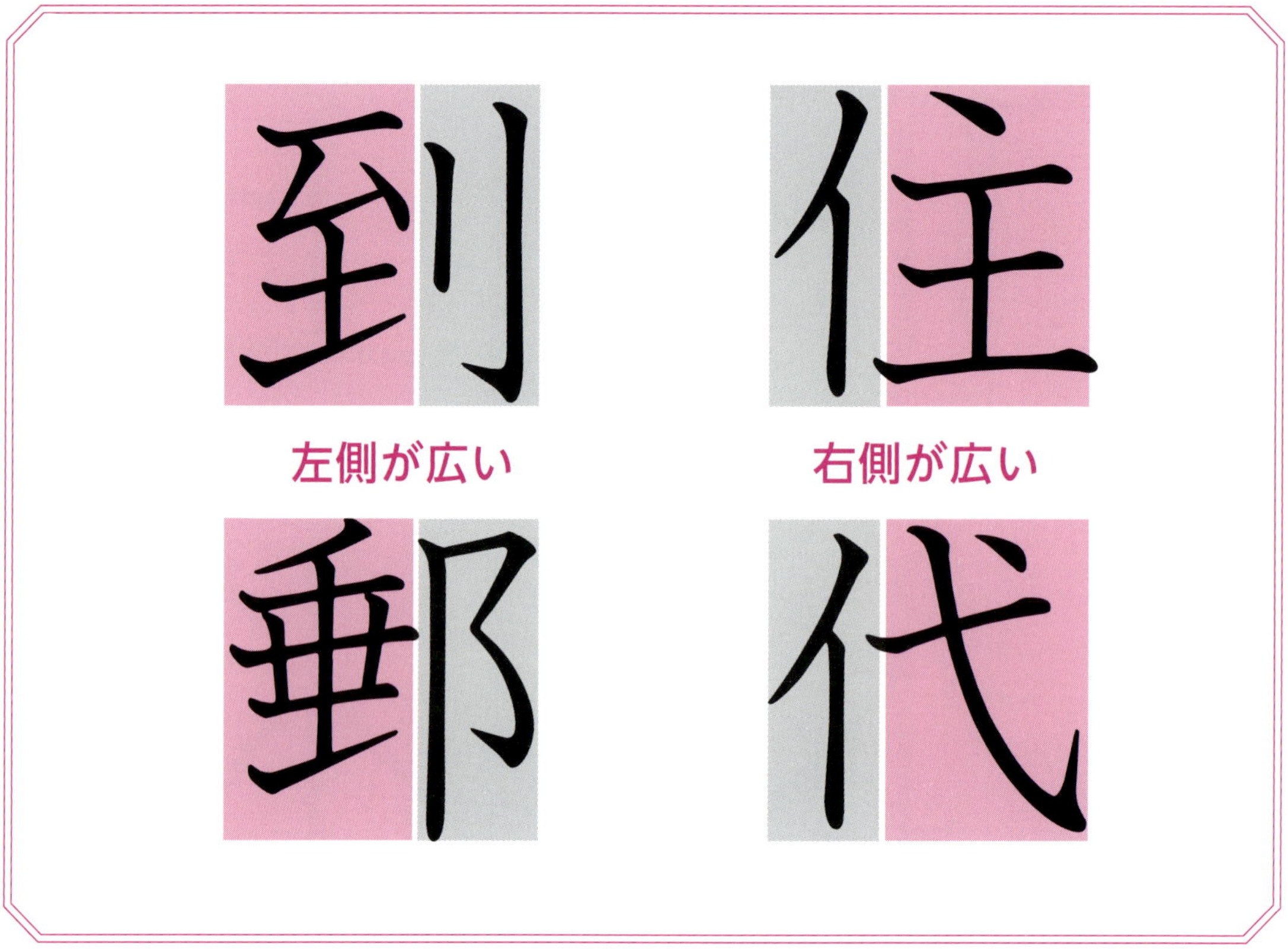

左右二つに分けたときのバランス①
右側が広い文字・左側が広い文字

左右二つに分けることができる漢字の場合は、それぞれの幅のバランスに気をつけます。

例えば「へん」と「つくり」に分けられる漢字の多くは、「へん」（左側）の幅を狭く書くとバランスがとれます。「きへん」、「つちへん」、「いとへん」、「かねへん」、「くるまへん」など、「へん」の形がもとになった漢字とほぼ同じ場合、もとになった漢字と同じような幅で「へん」を書いてしまっている子どもも多く見られます。「へん」は幅を狭く書くことをきちんと指導することが必要です。

左右に二つに分けられる漢字でも、「りっとう」や「おおざと」などは右側を狭く書きます。

右側が広い文字の例

住代林海絵帰後池階指焼
映将補博務輸張肥預旗積

左側が広い文字の例

到郵創則判到副刷断

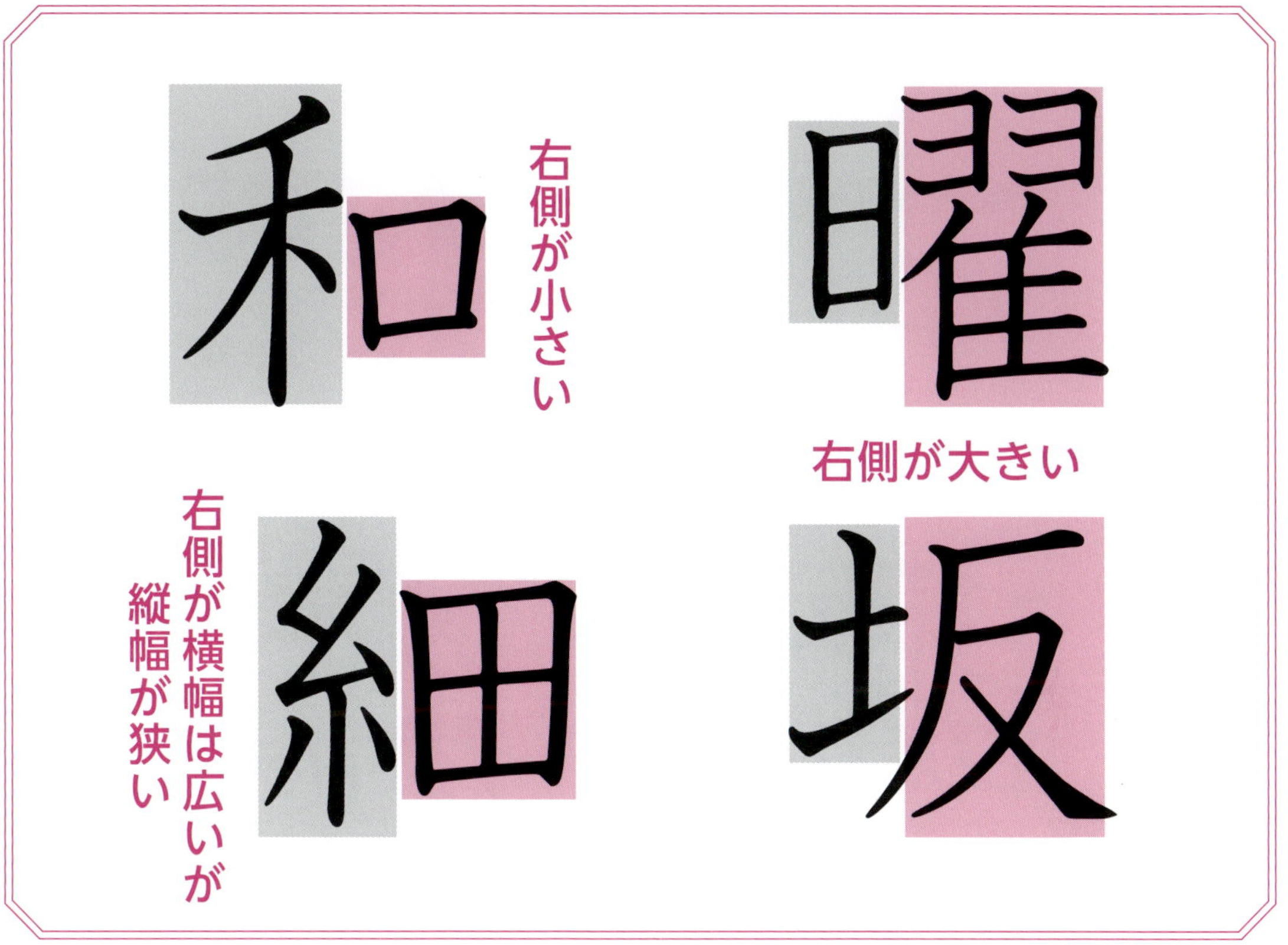

左右二つに分けたときのバランス② 右側が大きい文字・小さい文字・右側が横幅は広いが縦幅が狭い文字

左右二つに分けることができる漢字の中には、幅だけではなく、大きさにも注意する必要がある漢字があります。

例えば「ひへん」や「つちへん」などは、幅を狭く書いても縦幅をつくりと同じにしてしまったのでは大きすぎます。

「へん」と「つくり」からなる漢字は全て「へん」を狭く、小さく書くというわけではありません。「つくり」が口や又の場合は、「つくり」を大きく書いてしまうとバランスがくずれます。

「細」「畑」などは、上下方向に関しては「つくり」のほうが小さいのですが、幅まで狭くしてしまうと形が整いません。

右側を大きく書く文字の例

曜坂切婦理唱磁吸増暖略

右側を小さく書く文字の例

和知加取

右側が横幅は広いが、縦幅は狭く書く文字の例

細畑

文字を三つに分けたときのバランス 中央が広い・狭い・小さい・三つが同じ幅

左右三つに分けられる漢字の場合、「中央が広い」「中央が狭い」「中央が小さい」「三つが同じ幅」という四種類に分けられます。

例えば「従」という漢字に「いとへん」がついて「縦」という漢字ができており、「従」が「ぎょうにんべん」を狭く書くことが影響して中央を狭く書くようになっています。このように、文字の成り立ちを見ることからも、それぞれの大きさのバランスがわかるでしょう。

子どもたちが三つに分けられる漢字を書く場合、どうしても左右の幅が広くなってしまいがちです。文字全体としては正方形になるように意識させるといいでしょう。

中央を幅広く書く文字の例
樹衛測街側働例

中央を狭く書く文字の例
縦班

中央を小さく書く文字の例
湖郷

三つとも同じ幅で書く文字の例
謝術

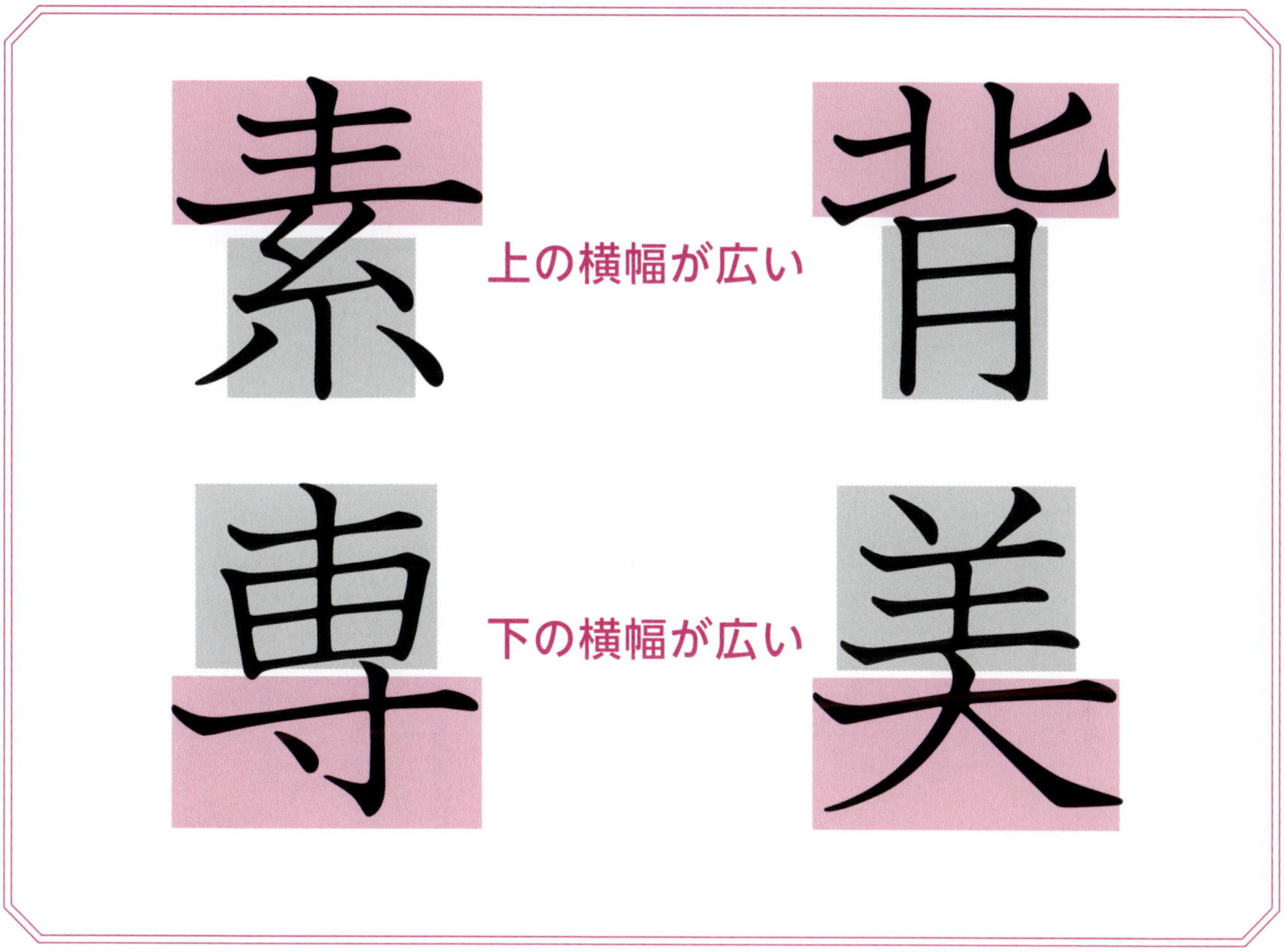

上下二つに分けたときのバランス
上の横幅が広い文字・下の横幅が広い文字

上下二つに分けられる漢字もあります。この場合、上下で横幅が違っている漢字が多いことに注意してください。

例えば「背」という漢字の場合、「北」と「にくづき」を同じ幅で書いてしまっている例をよく見かけますが、それでは「にくづき」の横幅が広すぎます。「にくづき」の横幅を狭くすることでバランスがとれます。このとき、縦方向については「北」よりも「にくづき」のほうを長く書きます。

上下二つに分けられる漢字の場合、横長の長方形と縦長の長方形を組み合わせる意識をもつとバランスが整います。

上の横幅を幅広く書く文字の例

骨背賀資質勢責素貸貧
胃費買音

下の横幅を広く書く文字の例

専盟具集美鼻点

「にょう」やそのなかまの文字のバランス

「にょう」の漢字もバランスがとりにくく、形を整えにくいものです。

ポイントは、「にょう」に乗せる部分を大きく書きすぎず、「にょう」の上にしっかり乗せることです。右に大きくはらうので、横長になりすぎないよう注意しましょう。

「健」の部首は「にんべん」ですが、「建」が含まれているので、その部分を書くときには「にょう」の文字を書くときと同じように考えます。また「題」は「にょう」には分類されませんが、同じように考えると形が整います。

なお、「しんにょう」「えんにょう」は「にょう」を後から書きますが、「そうにょう」や「題」の「是」の部分は先に書くことにも注意してください。

「しんにょう」の文字の例

遠近週通運進送返遊過
逆述退迷遺辺造速達

「えんにょう」「そうにょう」の文字の例

延建起

その他の文字の例

健題導

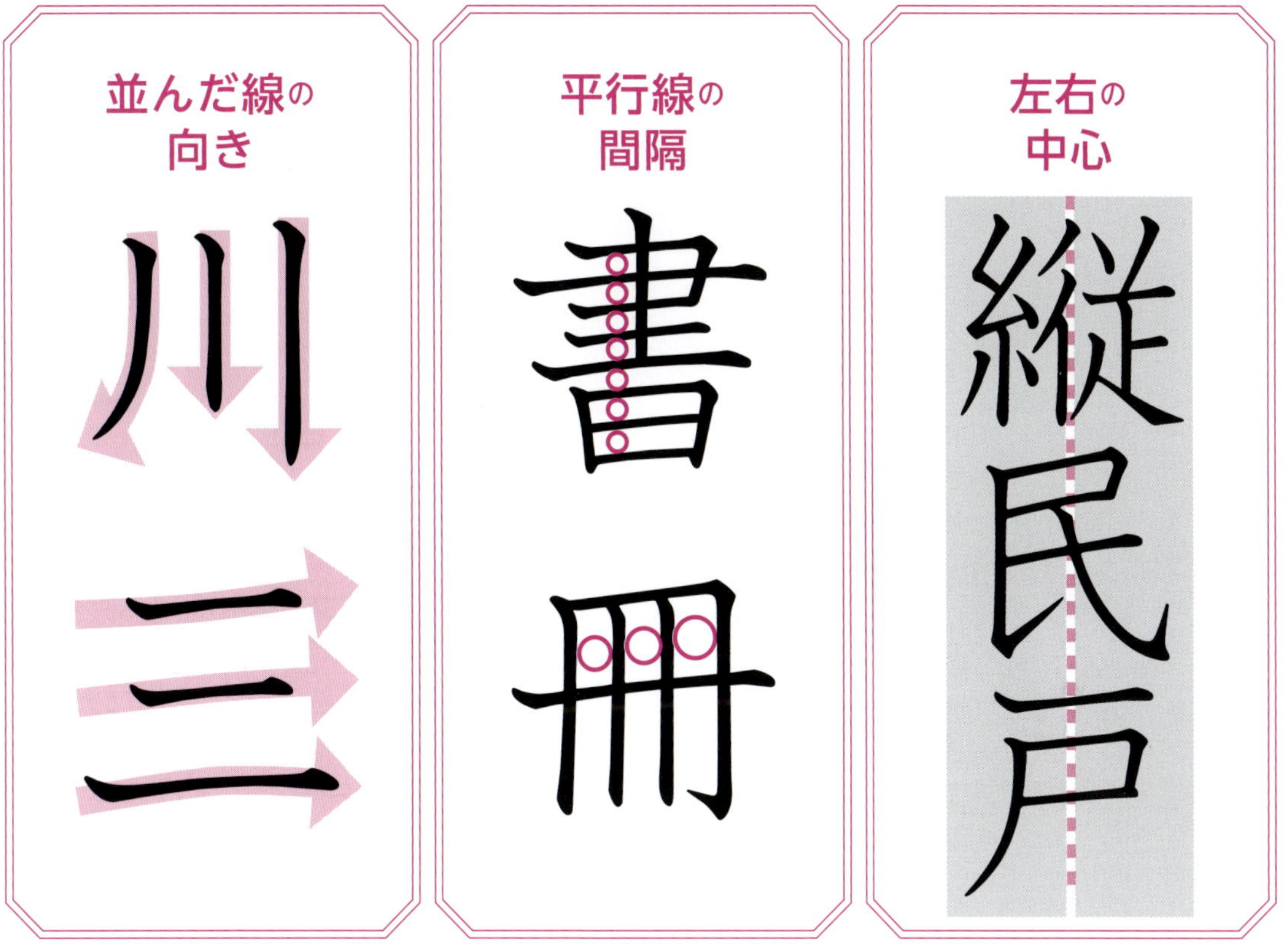
左右の中心
縦民戸
平行線の間隔
書冊
並んだ線の向き
川三

文字の左右の中心の位置を考える

左右がほぼ対象の漢字は中心の位置もわかりやすいのですが、それ以外の漢字では注意が必要です。

「さんずい」や「きへん」など、「へん」を細く書く漢字では、中心は「へん」と「つくり」の間ではなく、「つくり」側に入り込んだ位置になります。「縦」のように三つの部分に分かれる文字では中央の部分に中心がきます。

「戸」のような文字では、文字の左右幅の真ん中ではなく、「尸」の部分の真ん中が中心となるように書きます。

線の間隔をそろえる

漢字の中には、平行な線も多く見られます。これらの線を書くとき、間隔がばらばらだと文字としてのまとまりが悪くなります。平行な線があるときには、間隔をそろえるようにしましょう。

ただし、「冊」のように縦の線が四本並ぶ場合には、右側の二本の間隔を他の間隔よりやや広げると、落ち着きのよい形となります。

平行する線の向き

漢字の中で並んでいる線は、数学でいうような完全な平行線ではありません。直線ではなくわずかに反っていたり、向きに変化があったりします。

リンク！⬇14・15ページ

白石式
漢字指導の
秘伝 二十三
正しい筆順で書くと正しい漢字が覚えられる

秘伝

一、筆順がいいかげんだと、文字が乱れ、形が整わない。

一、正しい筆順を覚えることは、文字の形と、線の本数、向き、とめ、はね、はらい、点の有無や数など、細部まで覚えることにつながる。

筆順に関する素朴な疑問

ひらがなについて、正しい筆順で書くことが美しい字を書くことにつながり、また、誤読などされない正しい文字を書くことにつながるのだということを述べました。漢字についても全く同じことがいえます。正しい筆順で書くと形が整いやすく、正確に覚えることにもつながります。

ところで、漢字の筆順についてお話をすると、「それは自分が知っている筆順とは違う」といった声を聞くことがあります。

そもそも現在小学校で教えている漢字の筆順は、１９５８年に当時の文部省がまとめた「筆順指導の手引き」がもとになっています。

実は漢字の中には、筆順が複数あるものがあります。例えば「耳」という漢字は、一般には

ですが、行書体の場合は

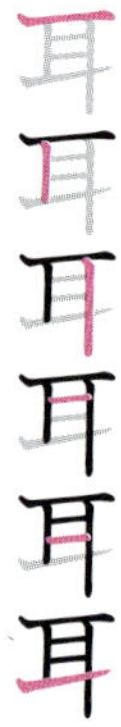

となります。書体によって筆の運びが異なるため、筆順も違ってくることがあるのです。どちらもまちがいではありません。

しかし、複数の筆順があると教育

漢字の筆順なんてどうだっていいじゃない
そうそう、同じ形に書ければいいんだからさ

現場で混乱することがあるため、文部省（当時）がガイドラインとしてまとめたのが「筆順指導の手引き」なのです。

この「手引き」では、漢字の筆順の原則を示しつつ、「この『手引き』は、学習指導上の混乱を防ぐために、一つの文字について一つの筆順を示してあるが、『手引き』以外の筆順も誤りではないし、それらの筆順を否定もしない」と明記されています。

つまり、現在小学校で指導されている「正しい筆順」は、唯一絶対のものというわけではないのです。

また、中国や台湾では、日本と同じ漢字でも、日本とは異なる筆順で書かれているケースもあります。

正しい筆順で書くことの意味を伝えるのも漢字指導の大切な一部

しかし、勘ちがいしないでいただきたいのは、「だから漢字の筆順に大きな意味がない」というわけではないということです。

複数の筆順がある場合でも、それぞれの筆順に意味があります。唯一絶対の筆順がないからといって、でたらめな筆順で書いても問題ないというわけではないのです。

繰り返しになりますが、正しい筆順とは、その漢字を書くときに最も形を整えやすい順番になっています。また、正しい筆順を覚えることは、文字の形と、線の本数、向き、とめ、はね、はらい、点の有無や数など、細部まで覚えることにつながるのです。

教室でも「どんな筆順で書いても、最終的な形が合っていれば問題ないのではないか。筆順など覚える必要があるのか」という疑問をもつ子どもは必ずいると思います。

このような子どもたちに対して、「正しい筆順の意味」を伝えることも、漢字指導の大切な要素の一つだと思います。

リンク！⬇ 84～95ページ

白石式
漢字指導の
秘伝
二十四

「凸」「凹」……どんな筆順で書く？

秘伝

一、漢字の筆順には、原理・原則がある。

一、原理・原則を知れば、漢字の筆順を身につけることは、決して難しいことではない。

漢字の筆順には十二項目の原理・原則がある

漢字の筆順にも原理・原則があります。前述した「筆順指導の手引き」では八つの原則が挙げられていますが、私はそれに四つ加えた十二項目を挙げたいと思います。

①上から下へ
②左から右へ
③交わるときは、横→縦
④中で交わるときは、縦→横
⑤一画か二画のものにはさまれるときは、中→外
⑥外側を囲むものがあるときは、外→中
⑦はらいは、左が先
⑧貫く画は、最後
⑨内側の「折れ」は、折れ→はらい
⑩外側の「折れ」は、はらい→折れ
⑪横画（横の線）を貫く線が「ある」ときは、縦→横
⑫横角（横の線）を貫く線が「ない」ときは、横→縦

これらに加えて、線を書く向きについては、
・漢字は上から下へ書く線でできていて、下から上へ書くことはない。
・漢字は左から右へ書く線でできていて、右から左へ書くことはない。
という原理・原則もあります。

これらの原理・原則を知れば、漢字の正しい筆順を身につけることは、決して難しいことではないのです。

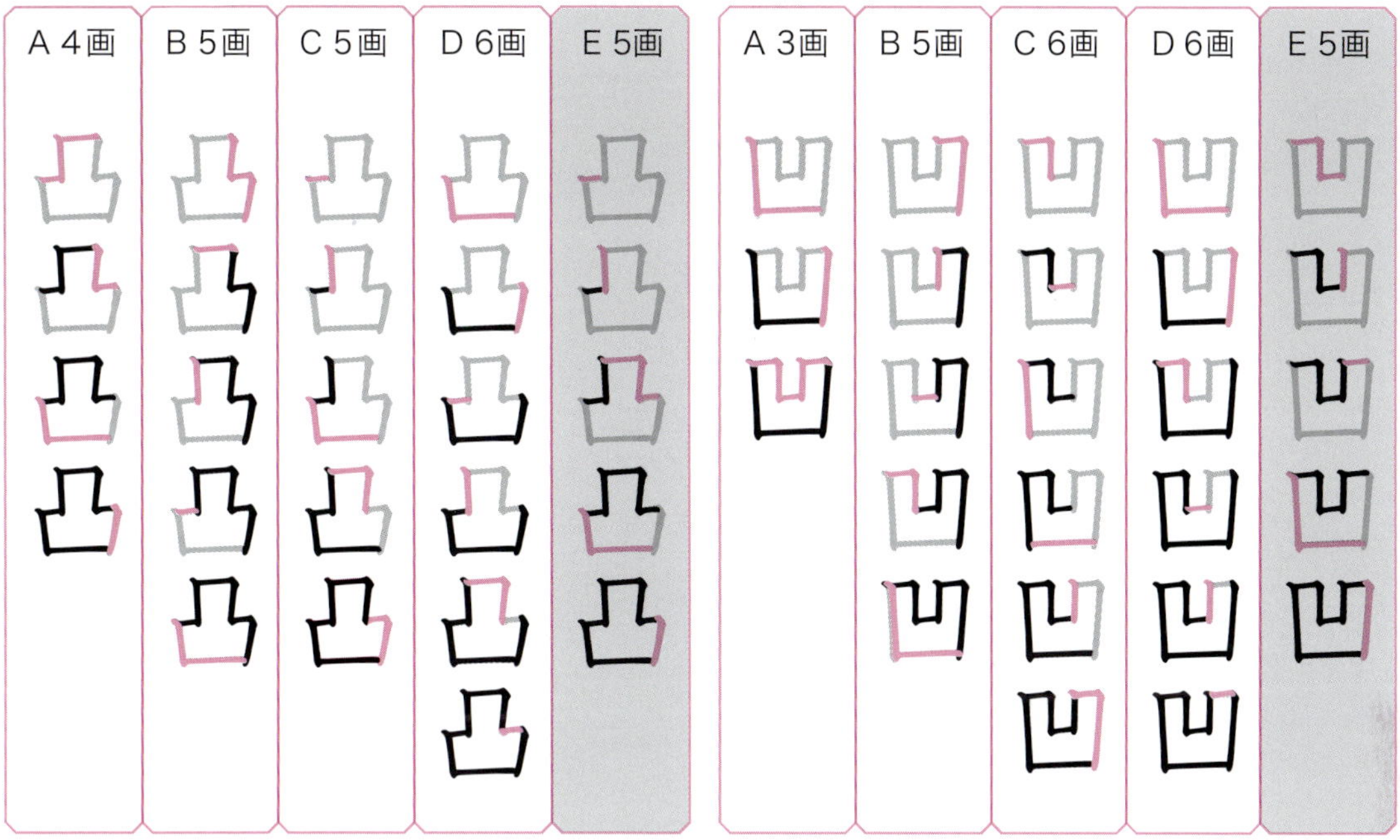
A 4画
B 5画
C 5画
D 6画
E 5画
A 3画
B 5画
C 6画
D 6画
E 5画

凸・凹の筆順を筆順の原理・原則から考える

筆順の原理・原則の指導にちょうどいいのが、「凸」「凹」です。この二文字は、一見するとどんな筆順で書くのか、そもそも何画で書くのかがわかりにくいのですが、漢字の筆順の原理・原則にあてはめると、すっきりとわかるのです。

上のA～Eはそれぞれ、子どもたちが考えた凸・凹の筆順と画数です。

Aはいずれも、線の向きが「下から上へ」や「右から左へ」になってしまう部分があります。

Bは、線の向きは大丈夫なようです。しかし、右側の部分を書いてから左側の部分を書いています。筆順の原理・原則のうち「左→右」にあてはまりません。

Cはどうでしょう。

漢字は上下、あるいは左右に二つの部分に分けられるということを本書でも述べました。上下に分けられる文字は上の部分を書いてから下の部分を書く、左右に分けられる文字は左側の部分を書いてから右側の部分を書くという原則もあります。

凸・凹の文字は、実は上下に分けられる漢字です。凸は「ㄫと凵」、凹は「ㄩと凵」に分けられます。Cの筆順を見ると、上の部分を書き終わらないうちに下の部分を書き始めています。

Dは、下の部分から書き始めているので、「上→下」の原理・原則にあてはまりません。

このように見てくると、原理・原則にあてはまっている正しい筆順はEであることがわかります。

筆順の原理・原則、漢字の原理・原則から、正しい筆順がわかるわけですが、中にはこれにあてはまらないケースもあります。92～95ページで筆順をまちがえやすい漢字をあげてありますので、注意してください。

リンク！⬇86～95ページ

白石式漢字指導のお宝

四 漢字の筆順の原理・原則

筆順の原理・原則①
上から下へ

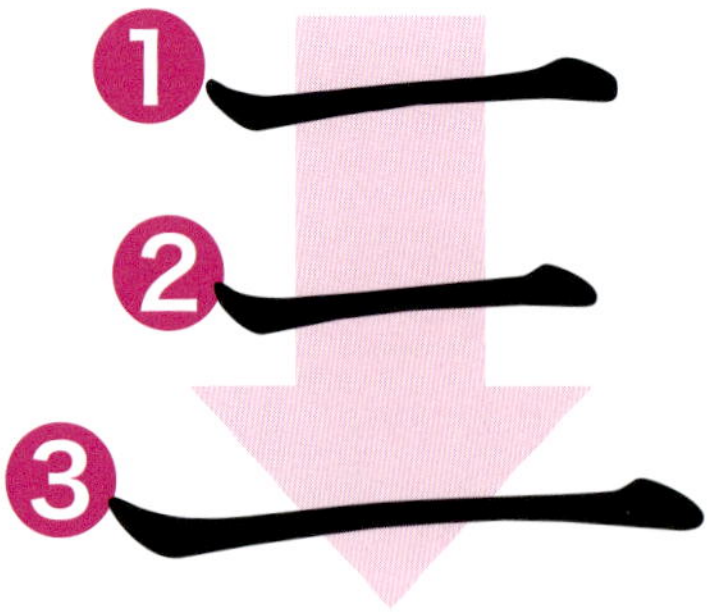

まず第一の原理・原則は「上から下へ」です。これは、上の画から下の画へという意味のほか、「上の部分から下の部分へ」という意味もあります。

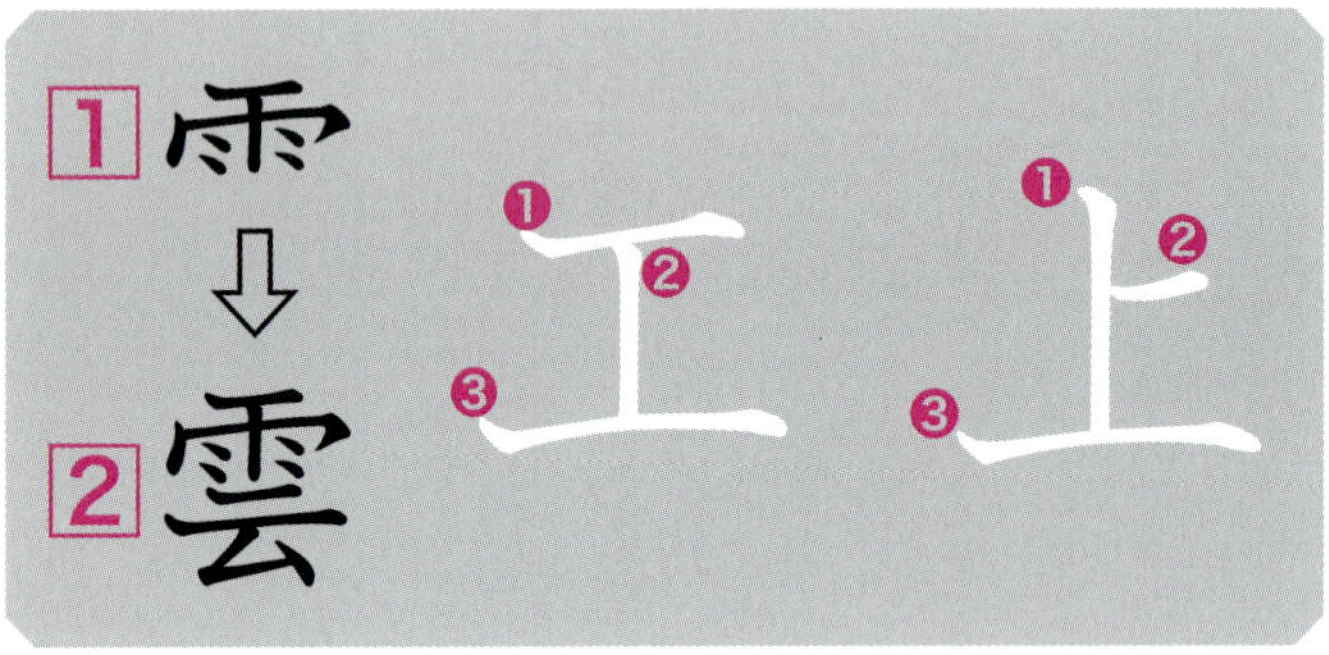

筆順の原理・原則②
左から右へ

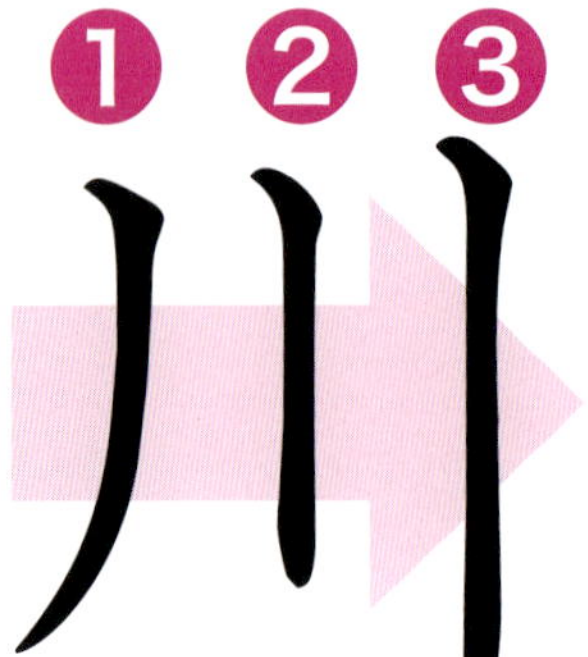

第二の原理・原則は「左から右へ」です。これも第一の原理・原則と同様、「左の画から右の画へ」という意味のほかに、「左の部分から右の部分へ」という意味もあります。

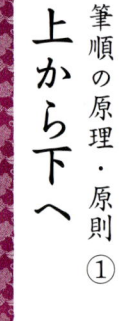

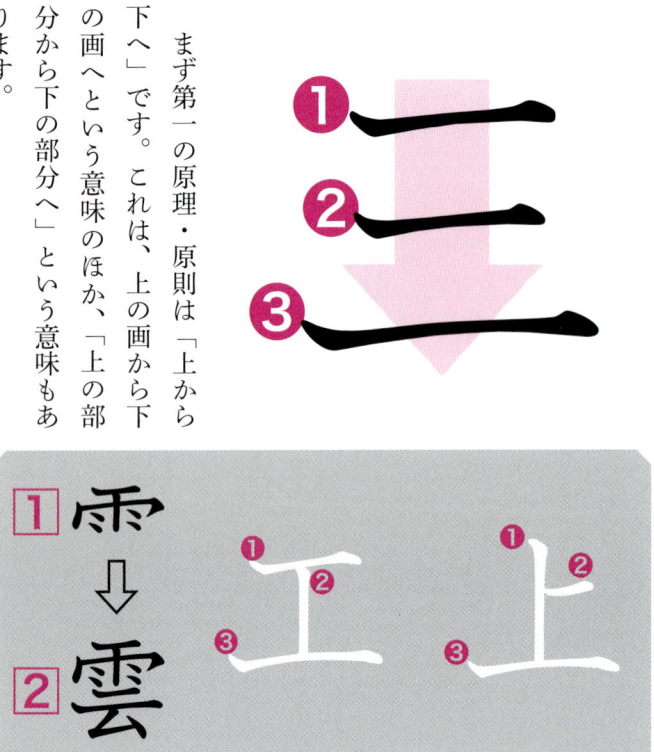

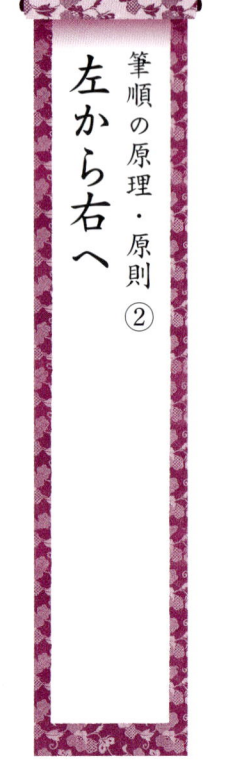

筆順の原理・原則③
交わるときは、横↓縦

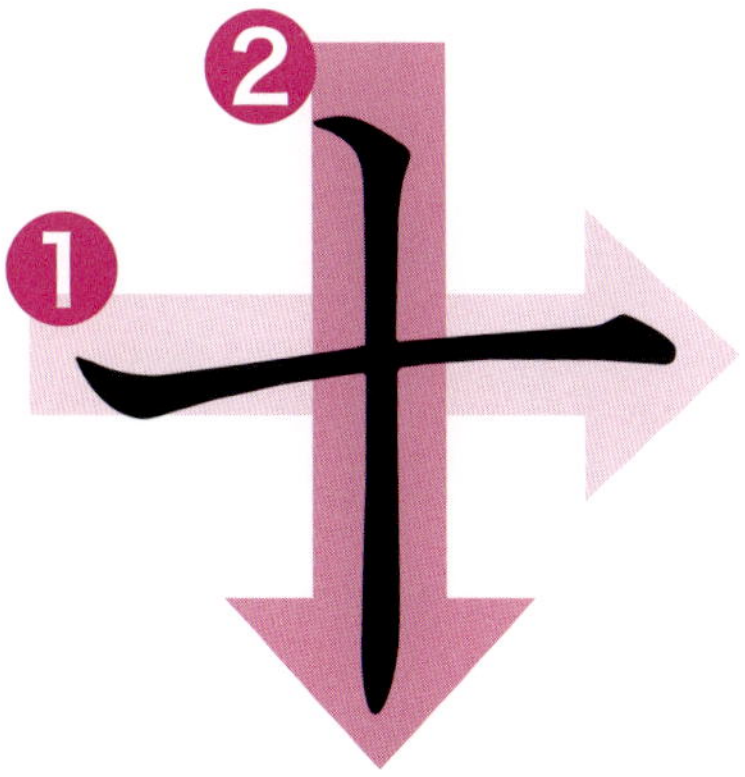

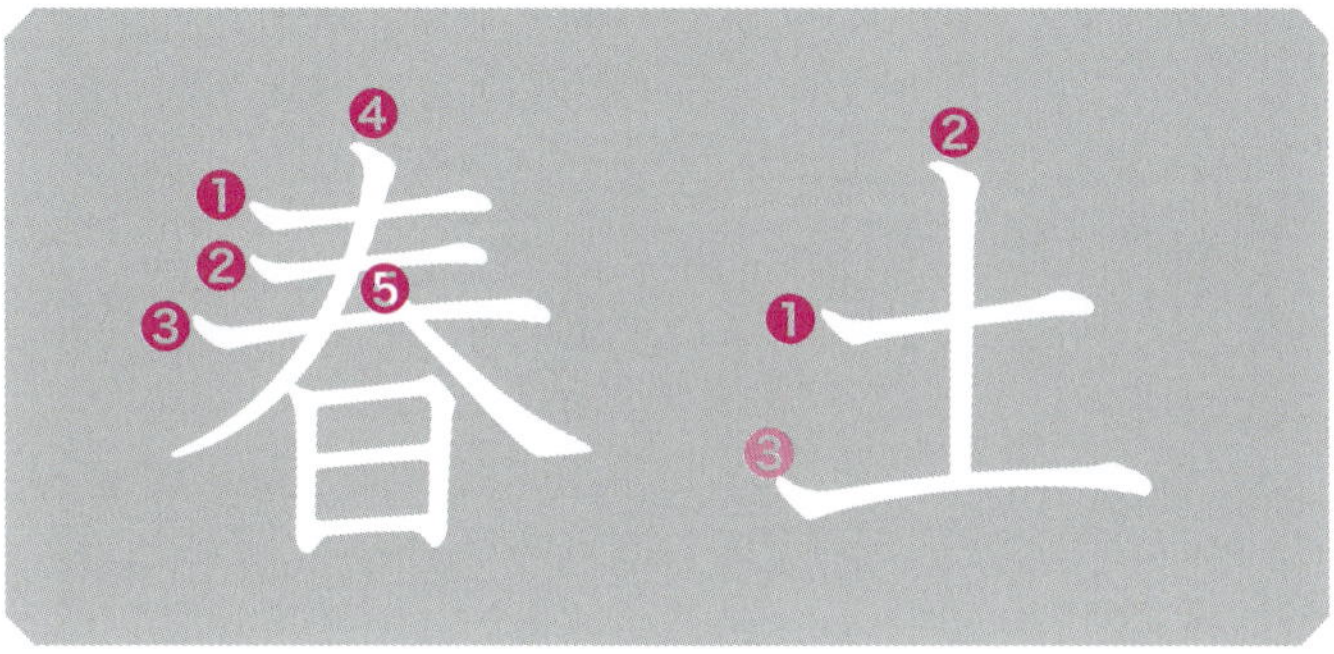

「十」のように縦の画と横の画が交わる場合には、横画を先に書き、縦画をあとに書きます。これは、それぞれが一本のときだけに限りません。例えば「くさかんむり」は、先に横画を書いてから、二本の縦画を書きます。

筆順の原理・原則④
中で交わるときは、縦↓横

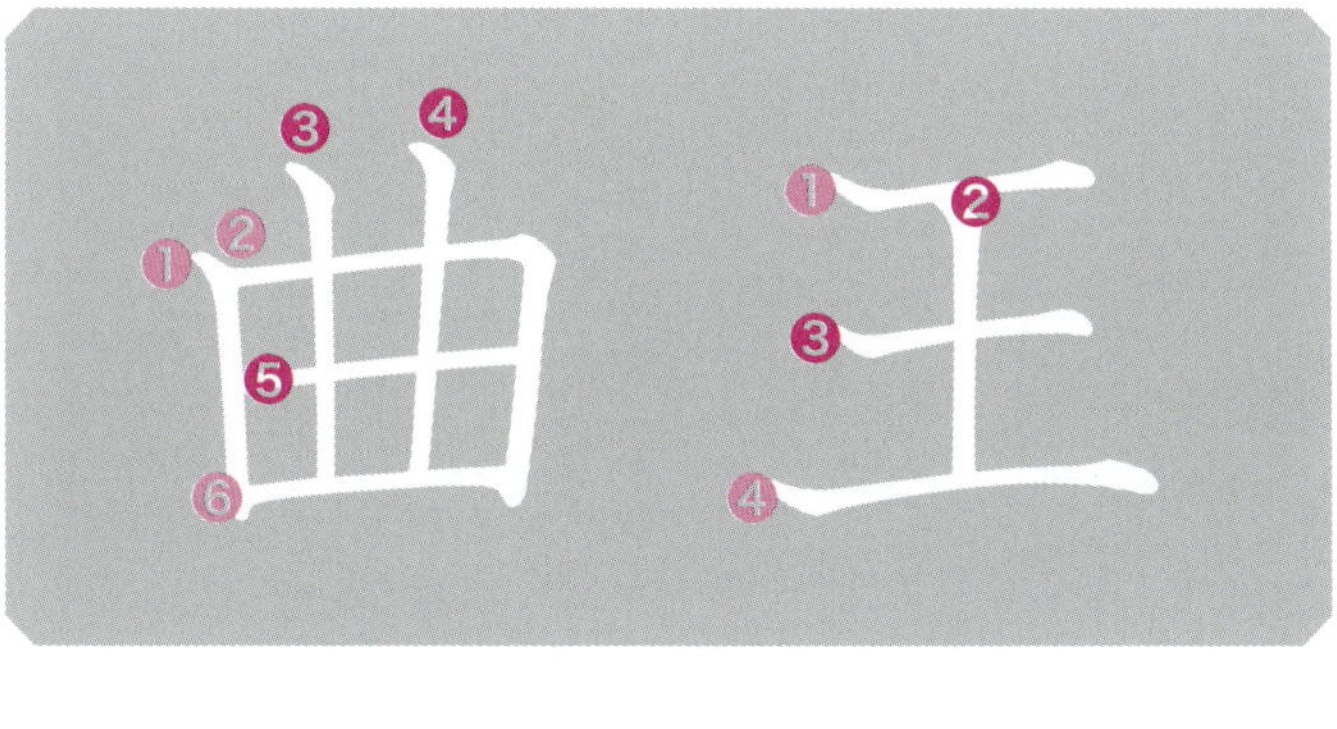

縦画と横画が交わる場合でも、「田」のように、囲まれた中で交わる場合には縦画を先に書きます。このような書き方をするのは、「田」が発展した「由」「角」、あるいは「王」が発展した「主」「生」「青」などがあります。

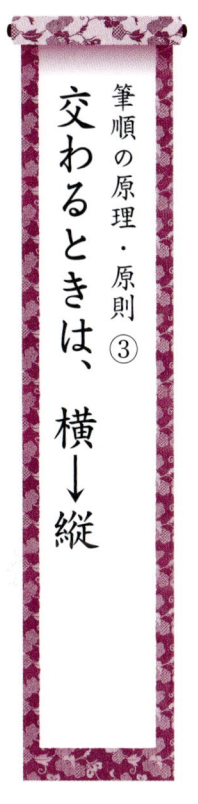

筆順の原理・原則⑤

一画か二画のものにはさまれるときは、中→外

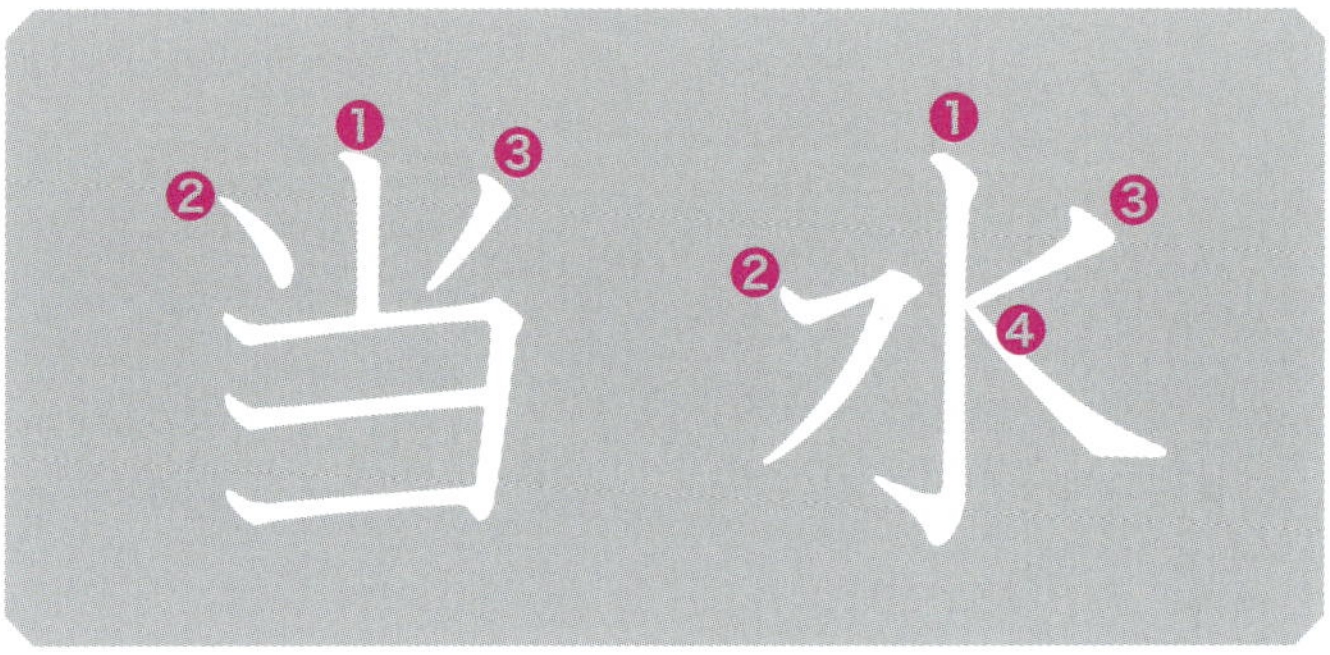

中と左右の部分からなる漢字で、左右の部分が一画か二画の場合は、中を先に書いてから左右の部分を書きます。「楽」の上の部分も、白を先に書いてから、左右の点を書きます。ただし、「りっしんべん」や「火」はこの原則にはあてはまりません。

筆順の原理・原則⑥

外側を囲むものがあるときは、外→中

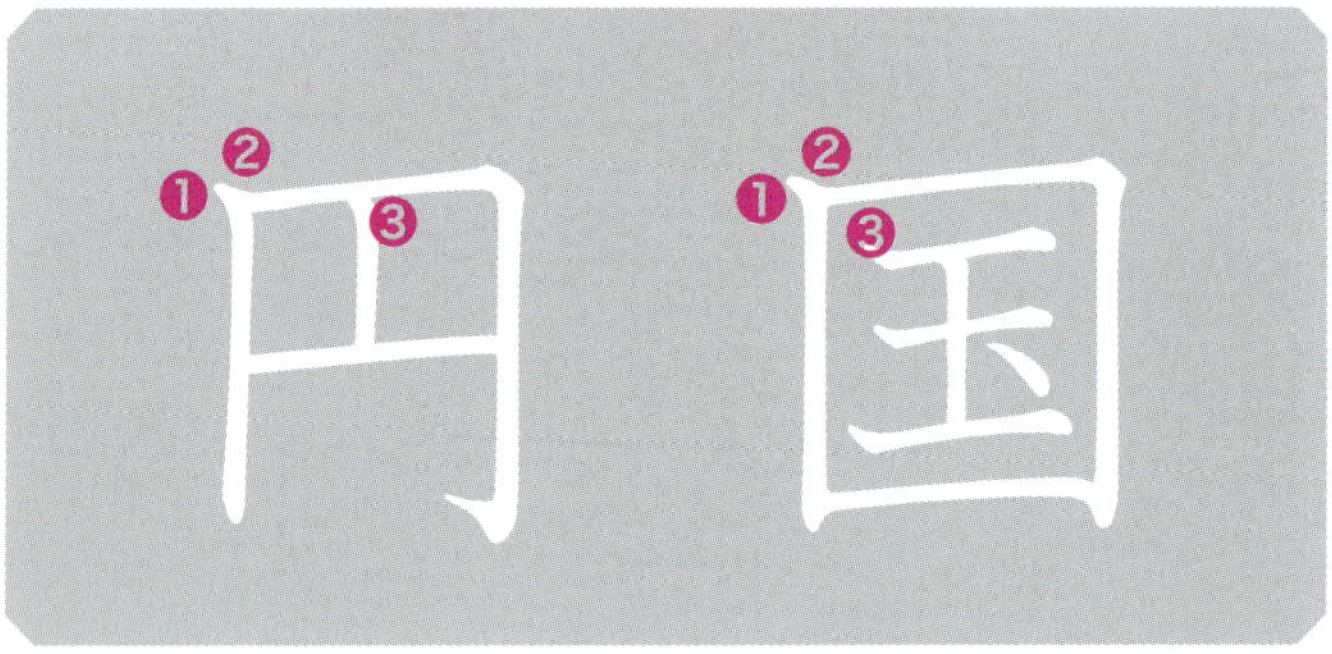

「くにがまえ」のように、まわりを囲む部分と中の部分に分けられる漢字は、まわりの部分を先に書きます（「くにがまえ」の下の画は、中の部分を書いたあと、最後に書きます）。ただし、「はこがまえ」はこの原則があてはまりません。

筆順の原理・原則⑦ はらいは、左が先

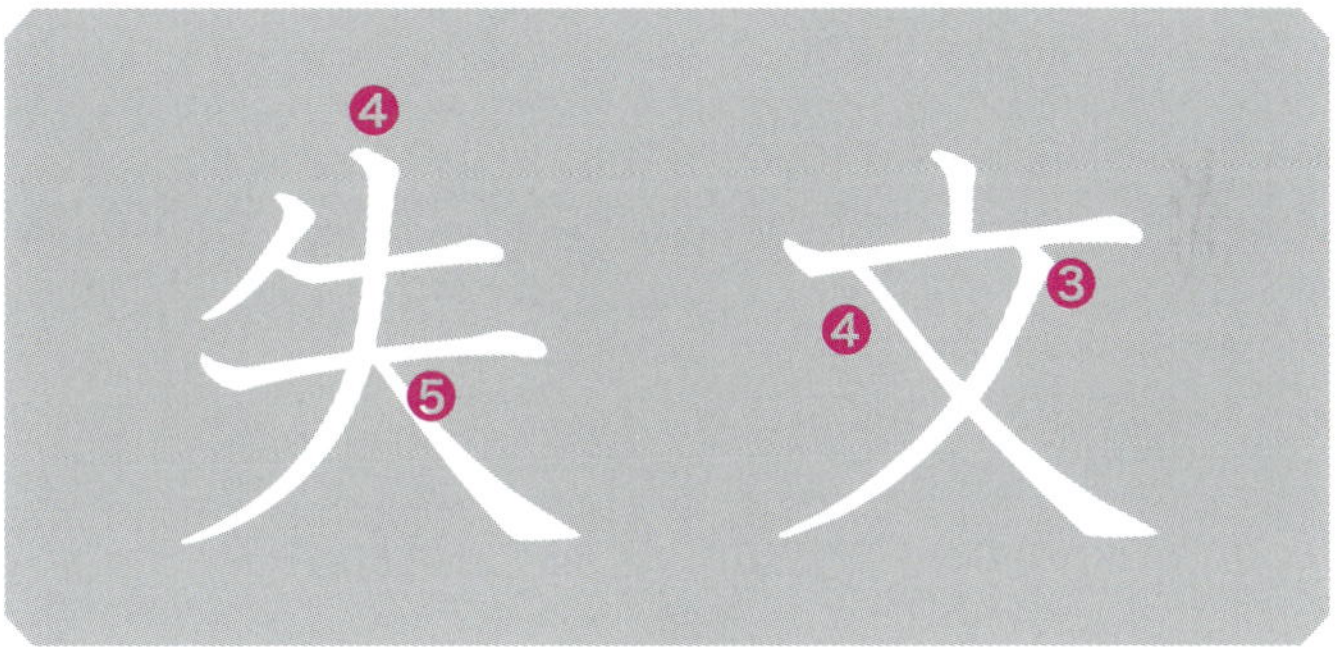

左はらいと右はらいの両方がある場合は、左はらいを先に書きます。「父」「入」「欠」「笑」などの文字にあてはまります。「改」「放」などの部首である「のぶん」にも、この原則があてはまります。

筆順の原理・原則⑧ 貫く画は、最後

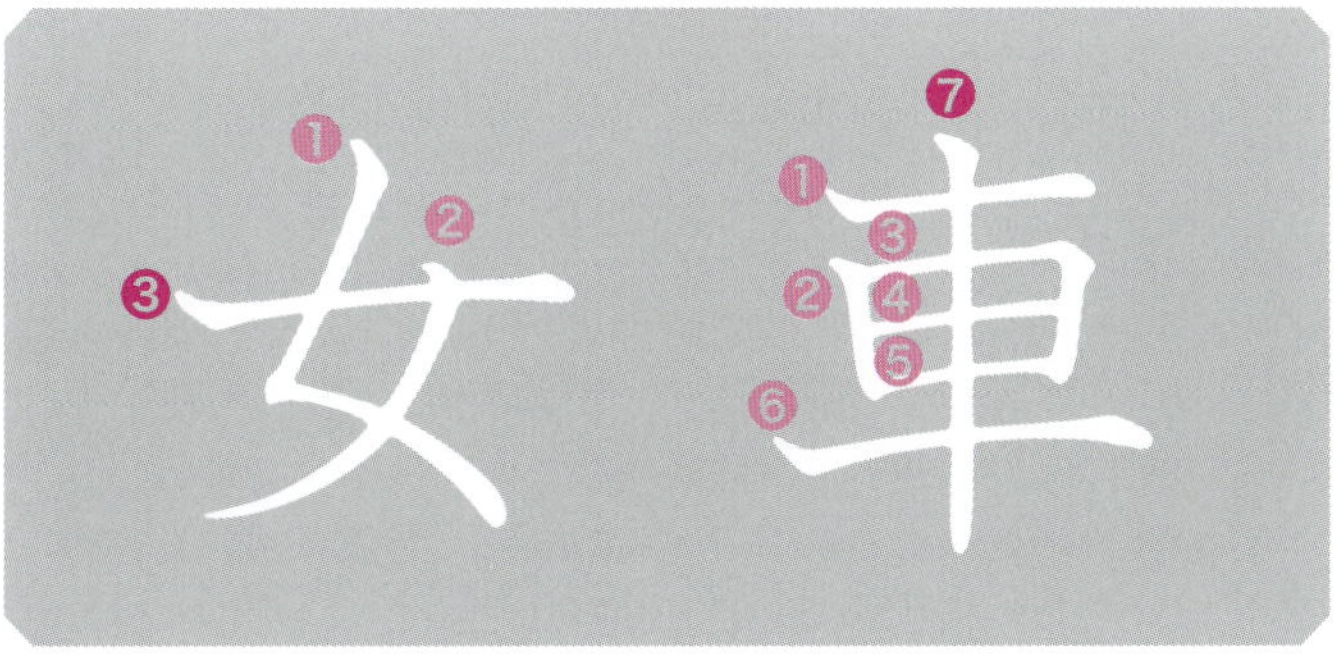

字の全体を貫く画は、最後に書きます。「女」などにもこの原則があてはまります。ただし、「世」の長い横画は一画目に書くので、この原則はあてはまりません。

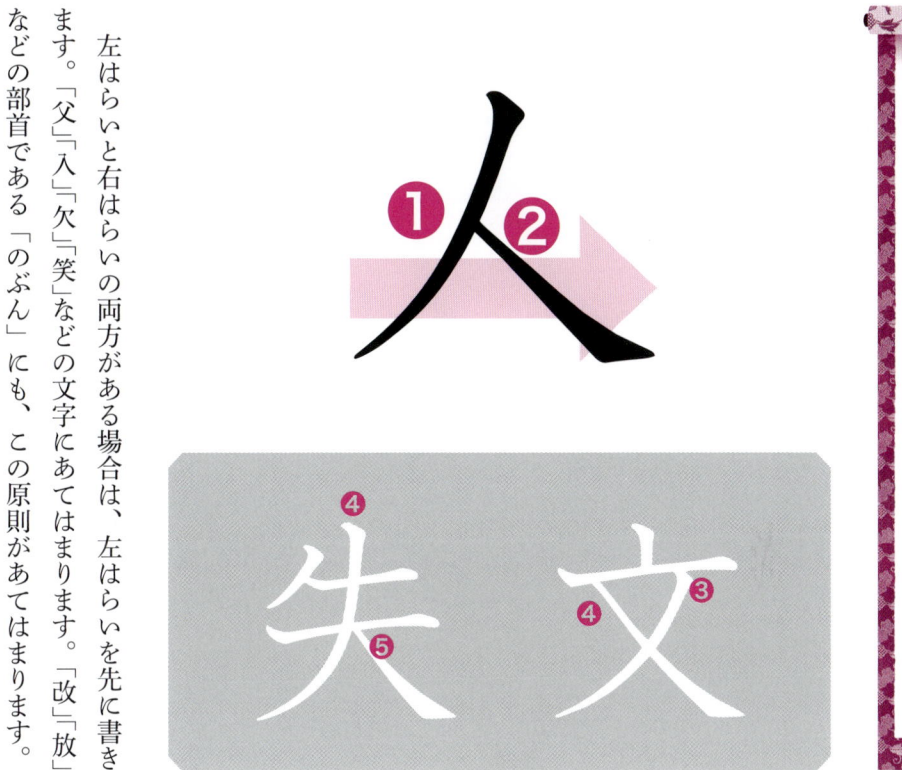

筆順の原理・原則⑨
内側の「折れ」は、折れ→はらい

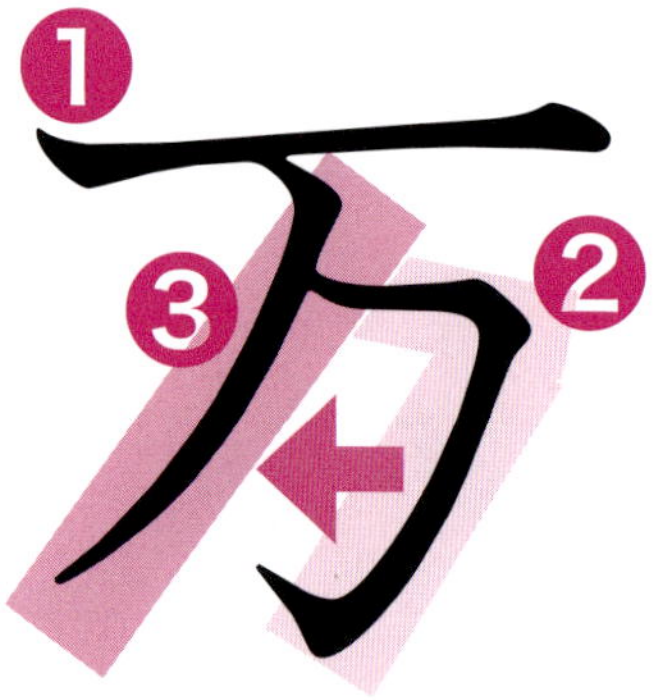

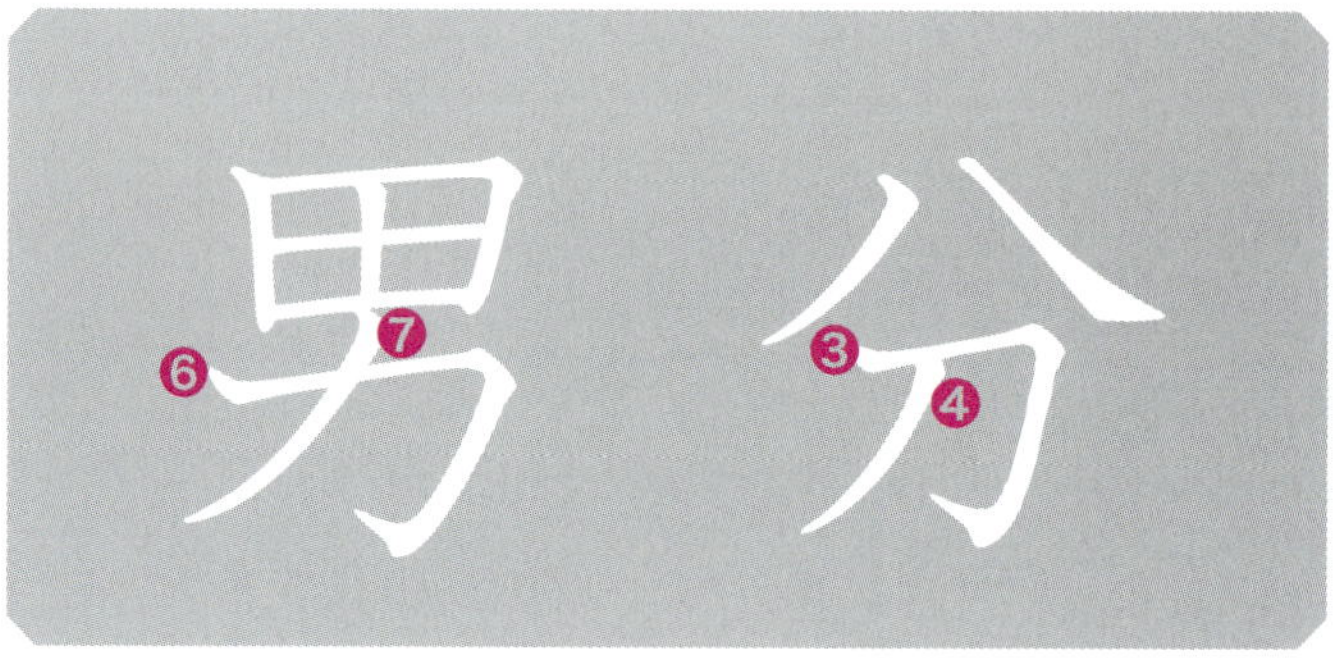

「折れ」と「はらい」がある文字の筆順には、二つのパターンがあります。その違いは、「折れ」の方向です。「万」のように「折れ」が内側に向いている場合には、「折れ」を先に書きます。

筆順の原理・原則⑩
外側の「折れ」は、はらい→折れ

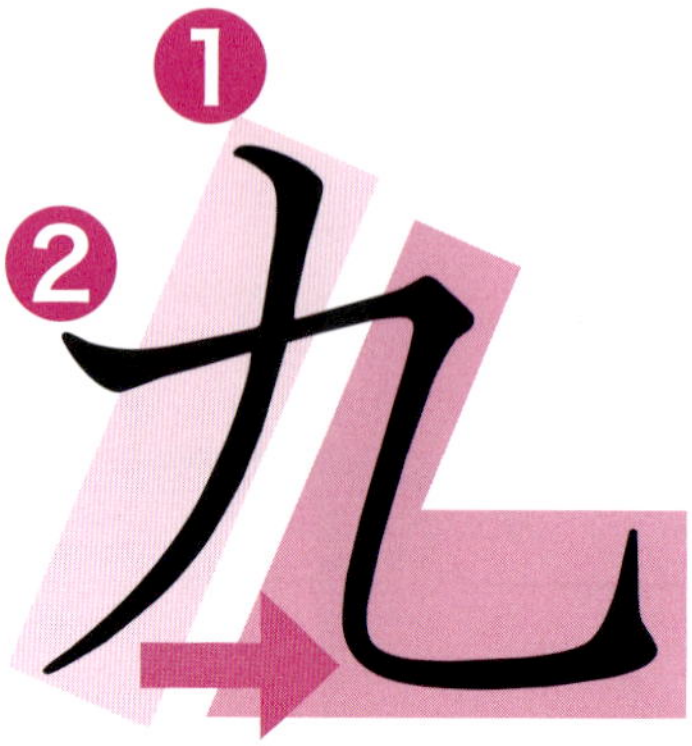

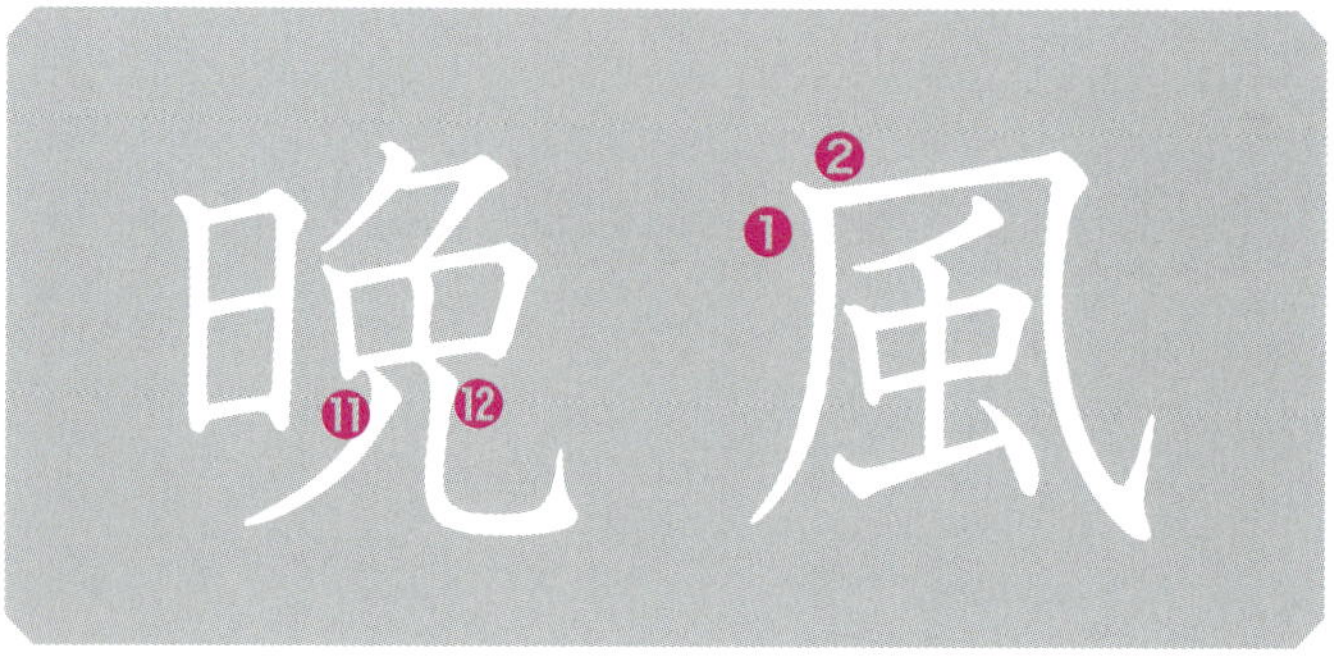

「折れ」が外側を向いている場合には、「はらい」を先に書いてから、「折れ」を書きます。「免」や「几」など、「折れ」と「はらい」が交わっていない場合にも、この原則があてはまります。

筆順の原理・原則⑪
横画(横の線)を貫く線が「ある」ときは、縦→横

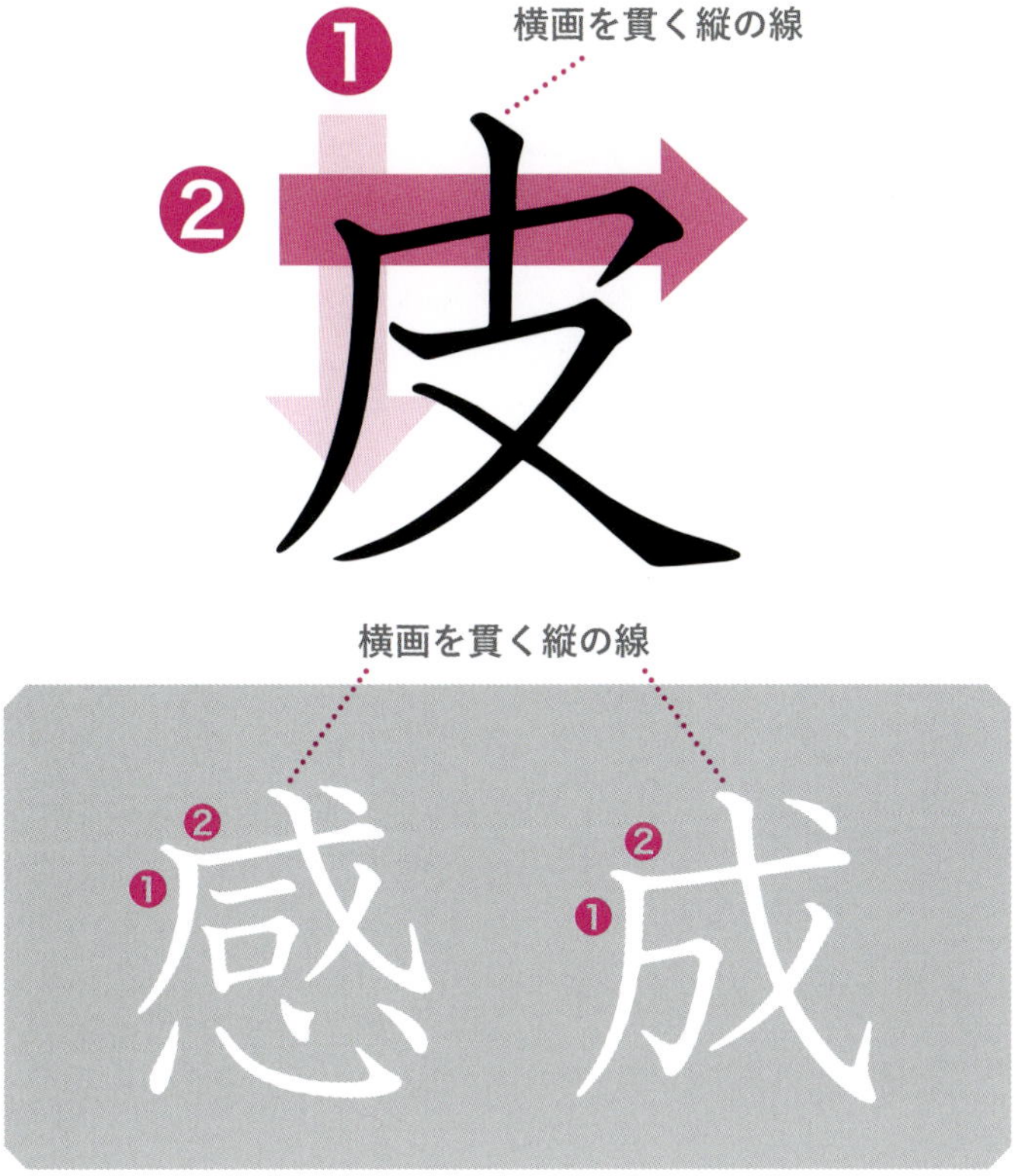

「皮」上の部分のように横画を縦に貫く線があるときには、縦画（「皮」の場合は左側のはらい）を先に書いておいてから横画を書き、その後で縦に貫く線を書きます。「感」「成」などの横画を右斜めに貫く線も「縦に貫く線」と同様に考えます。

筆順の原理・原則⑫
横角(横の線)を貫く線が「ない」ときは、横→縦

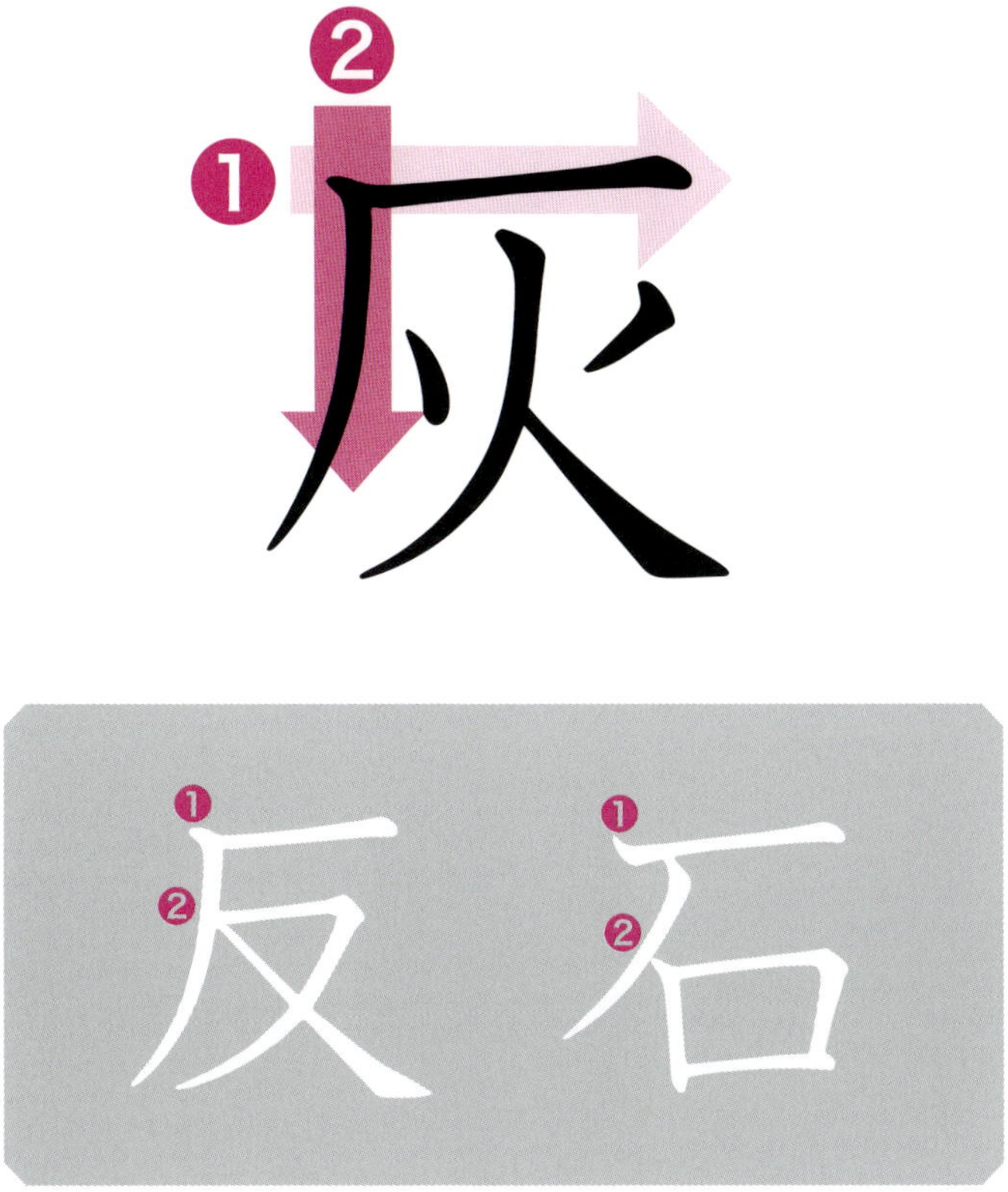

灰のがんだれは、横画を縦に貫く線がありません。このような場合は横画を書いてから、縦画（左側のはらい）を書きます。

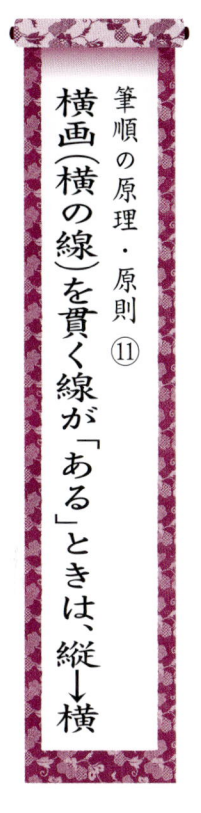

筆順をまちがえやすい漢字

■筆順の原理・原則の例外

「にょう」の漢字（左↓右ではなく、「にょう」をあとに書く）

辺
「しんにょう」は、あとに書く。
辺辺辺辺辺

建
「えんにょう」はあとに書く。
建建建建建建建建建

凹
部首「うけばこ」は「かんにょう」ともいい「にょう」の一つ。
凹凹凹凹凹

※「にょう」のなかまの例外

起
「走」の部分を先に書く。
起起起起起起起起起起

題
「是」の部分を先に書く。
題題題題題題題題題題題題題題題題題題

勉
「免」の部分を先に書く。
勉勉勉勉勉勉勉勉勉

直
下の「折れ」の部分を最後に書く。
直直直直直直直直

横↓縦の例外

毎
貫く横画は最後に書く。
毎毎毎毎毎毎

長
左側の縦画を最初に書く。
長長長長長長長長

臣
左側の縦画を最初に書く。
臣臣臣臣臣臣臣

馬
左側の縦画を最初に書く。
馬馬馬馬馬馬馬馬馬馬

部首に見られる例外

情

「りっしんべん」は、両側の点を先に書く。（「火」も同様）

情情情情情情情情情情情

降

「こざとへん」は、縦画をあとに書く。

降降降降降降降降降降

健

「にんべん」と「建」の組み合わせと考え、「えんにょう」は最後。

健健健健健健健健健健健

郵

「おおざと」も「こざとへん」と同様、縦画をあとに書く。

郵郵郵郵郵郵郵郵郵郵郵

険

「こざとへん」は縦画をあとに書く。

険険険険険険険険険険険

区

「はこがまえ」は、上の横画だけを先に書く。

区区区区

■点の筆順を注意する漢字

米

上の二つの点を書いてから、「木」を書く。

米米米米米米

発

「はつがしら」の右側の点を続けて書かないように注意。

発発発発発発発発発

必

「心」に「ノ」を書き加える順ではないことに注意。

必必必必必

飛

「はつがしら」と違い、二つの点を続けて書く。

飛飛飛飛飛飛飛飛飛

平

横画→点→横画と、「上→下」の原則に従ったあと、縦画。

平平平平平

来

「平」と同様。ただし、左右のはらいは最後。

来来来来来来来

母

貫く横画は、中の点を書いたあと、最後に書く。

母母母母母

船

「母」と同様。ただし、貫く横画の下は点ではなく棒。

船船船船船船船船船船船

兆

左右とも、縦画を書いてから点を書く。

非

「兆」と同様。ただし、点ではなく棒であることにも注意。

登

「はつがしら」の右側の点を続けて書かないように注意。

■原理・原則どおりだが、筆順がわかりにくい漢字

世

右側の部分は、縦の二画を書いてから、下を閉じる。

帯

上の部分は縦の三画を書いてから、下を閉じる。

旅

「方」の部分の筆順に注意する。

革

上の部分は、貫く横画→縦の二画→下を閉じるの順。

難

「くさかんむり」や「ふるとり」の筆順に注意する。

■その他の、筆順をまちがえやすい漢字

園

先に口と書いてしまうのではなく、下の横画は最後。

書

上の部分の貫く縦画は最後。

静

「青」の上の部分の筆順に注意。

積

「責」の上の部分の筆順に注意。

承	水などと同様、左右は最後に書く。
垂	縦画を書く順番に注意する。
清	「青」の上の部分の筆順に注意。
灰	「がんだれ」は、横画を先に書くことに注意。
拝	「つくり」は、貫く縦画が最後。
博	右上の点が最後ではないことに注意。
犯	「つくり」の筆順を逆にしないよう注意する。
専	上の部分の貫く縦画は最後に書く。
童	下の部分は、日を書いてから、貫く縦画を先に書く。
農	上の「曲」の部分の筆順に注意する。
覧	「臣」の部分の筆順に注意する。
裏	「田」＋「表」ではないことに注意する。
論	「つくり」の中の部分は、横画を書いてから、二本の縦画を書く。
有	横画ではなく左への「はらい」を先に書く。

漢字に挑戦！8

次の漢字の●で隠された部分は、とめ・はね・はらいのうちのどれですか。

① 晴

② 奏

③ 遠

④ 胸

⑤ 円

⑥ 帰

☞答えは 125 ページ

漢字に挑戦！9

次の漢字の白で示された画は、何画目に書きますか。

① 葉

② 験

③ 防

④ 評

⑤ 都

⑥ 粉

☞答えは 125 ページ

五の巻　超お宝！この漢字はここをまちがう

白石式
漢字指導の
秘伝 二十五
まちがえやすいポイントはここだ！

秘伝

一、漢字のまちがえ方には、パターンがある。

一、まちがいのパターンをあらかじめつかんでおくと、漢字指導に生かせるのはもちろん、漢字テストのチェックポイントとしても役立つ。

子どものまちがえ方にはパターンがある

子どもたちの漢字のまちがえ方には、いくつかのパターンがあります。そのパターンを先に知っておくことは、漢字指導の際に注意すべき部分を示しやすいことに加え、漢字テストの際のチェックポイントとしても役立ちます。

よく見られるまちがえ方のパターンには、次のようなものがあります。

①画の長短をまちがう

例えば「未」の横画の長短をまちがえると、「末」になってしまいます。

②点の有無をまちがう

「械」や「博」の点を忘れるまちがいがよく見られます。

また、本来必要のない字に点をつけてしまうまちがいもあります。

③線の本数をまちがう

「達」のように、何本かの横線が並んでいると、多くしてしまったり、少なくしてしまったりするまちがいが多く見られます。

縦、横の線が交わる場合（「編」や「備」のつくりなど）に、それぞれの本数を反対にしてしまう例もよくあります。

④似た形の字とまちがう

例えば、「己」「巳」「乙」の混同

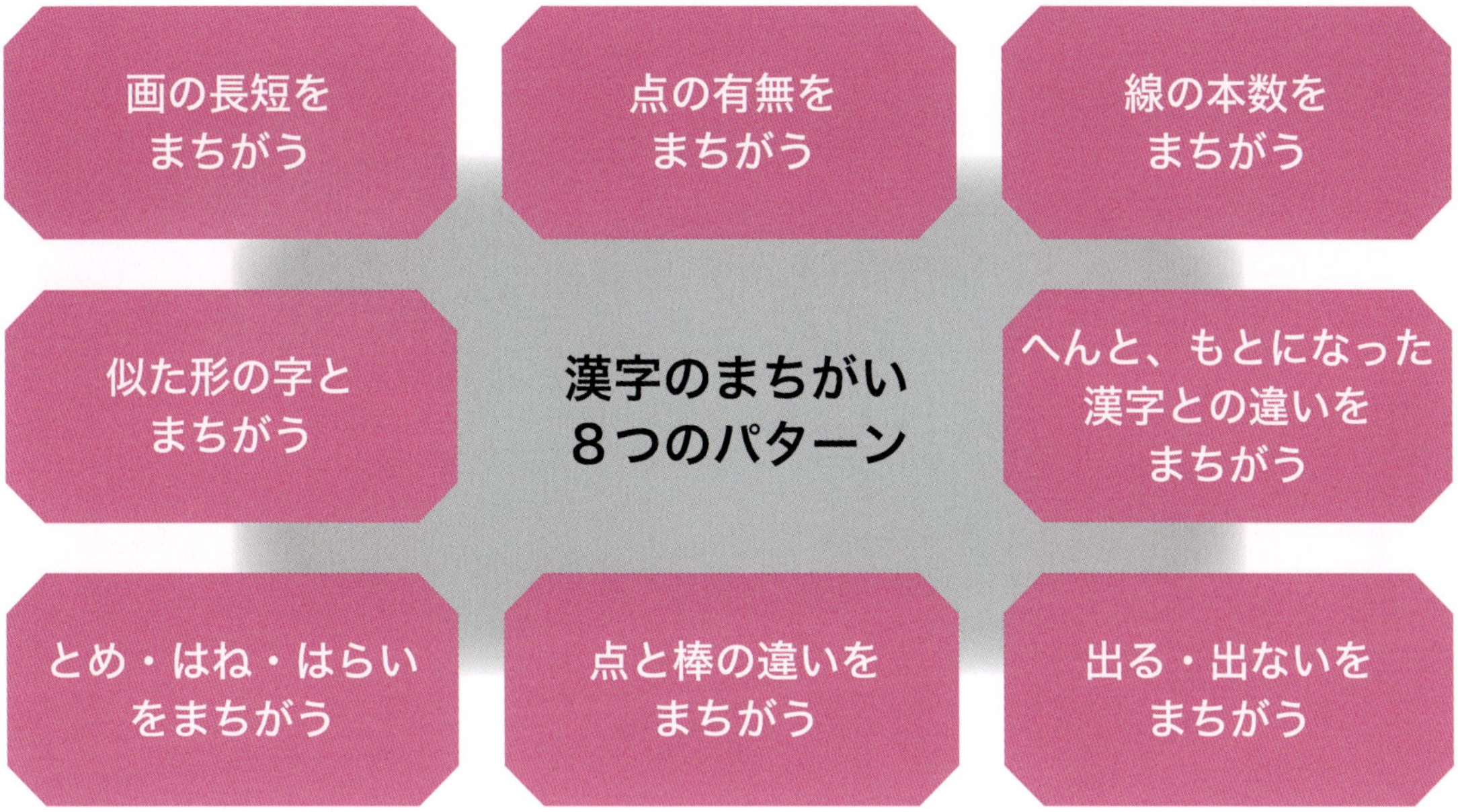
漢字のまちがい
８つのパターン
画の長短を
まちがう
点の有無を
まちがう
線の本数を
まちがう
似た形の字と
まちがう
へんと、もとになった
漢字との違いを
まちがう
とめ・はね・はらい
をまちがう
点と棒の違いを
まちがう
出る・出ないを
まちがう

など、形が似ている漢字とのまちがいはよく見られます。これは、例えば「巻」のように、ある漢字の一部となっている場合も同様です。

「眼」の「つくり」を「民」や「良」にしてしまうケースもあります。

⑤「へん」と、もとになった漢字との違いをまちがう

「きへん」を、ただ「木」の横幅を狭くした形に書いてしまっていることが少なくありません。「木」の右はらいは、きへんでは「とめ」になります。

⑥「とめ・はね・はらい」をまちがう

「とめ・はね・はらい」のうち、「とめ」と「はらい」は字体による違いもあり、どちらかに統一するのが難しいケースもありますが、代表的な部分についてはしっかりおさえておきます。

⑦点と棒の違いをまちがう

点と棒の違いを意識しない子どもも少なくありません。例えば「主」の一画目は棒ではなく点です。また、「賞」の一画目は点ではなく棒です。

特に「賞」の「かんむり」に見える部分を「つかんむり」にしてしまう子どもが多くいます。「つかんむり」の二画目（中央）は、棒ではなく点です。

⑧出る・出ないをまちがう

縦画と横画が交わる場合に、十のように交わるのか、丁のように出ないのかについても、まちがいが多く見られます。

１０２ページから、小学校で学習する１０２６の漢字のうち、特にまちがえやすい漢字とまちがえやすい部分をまとめてみました。漢字指導の参考にしてください。

リンク！⬇１０２〜１２３ページ

次の漢字テストを採点してください。まちがっている場合は、正しく書き直してください。

漢字テスト

次の**カタカナ**を漢字で書きましょう。送りがなも書きましょう。

① **ショウガッコウ**に行く。

小学校

② きれいな**アオゾラ**。

青空

③ **ハル**がきて暖かくなった。

春

④ **コウジョウ**を見学する。

工場

⑪ 大きさを**クラベル**。

比べる

⑫ 将来の**ユメ**。

夢

⑬ 人工**エイセイ**を打ち上げる。

衛星

⑭ 本を**ヘンシュウ**する。

編集

⑤ 本が**ハツバイ**された。
発売

⑥ ひもを**ムスブ**。
結ぶ

⑦ 目標を**タッセイ**する。
達成

⑧ 紙で**ツツム**。
包む

⑨ **キホン**を大切にする。
基本

⑩ 人間の**ソセン**。
祖先

⑮ 運動会を**エンキ**する。
延期

⑯ **オウフク**の乗車券を買う。
往復

⑰ **キズ**ついた鳥がいる。
傷

⑱ **センモンカ**の話を聞く。
専門家

⑲ 意見を**オギナウ**。
補う

⑳ 門を**シメル**。
閉める

☜答えは 125 ページ

白石式漢字指導のお宝

五 要注意ポイント付！ まちがえやすい漢字はこれだ！

一年生のまちがえやすい漢字16

円

まちがいの例

つきぬけている。

はらっている。

同 同

王

まちがいの例

不要な点。

不要な点。

音

まちがいの例

点になっている。

二画多い。

同 暗

貝

まちがいの例

一画たりない。

「見」との混同。

同 負

学

まちがいの例

棒になっている。

はらっている。

形が違う。

同 覚

空

まちがいの例

形が違う。

はらっている。

形が違う。

点になっている。

はねている。

…特にまちがえやすい漢字
順…筆順をまちがえやすい漢字
同…同じようなまちがいをしやすい漢字
※…小学校では学習しない漢字

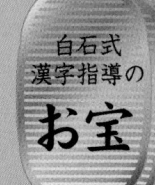

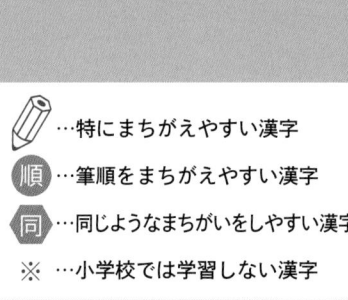

月

まちがいの例

月
とめている。

同 朗

校

まちがいの例

校
はらっている。

校
はらっている。

同 交

四

まちがいの例

四
横画についていない。

四
左右がついている。

※同 匹

字

まちがいの例

字
形が違う。
はらっている。

同 室

森

まちがいの例

森
はらっている。

同 林

青

まちがいの例

青
一画たりない。

青
はらっている。

青
一画たりない。

天

まちがいの例

天
長短が反対。

同 末

入

まちがいの例

人
「人」との混同。

百

まちがいの例

百
一画多い。

同 白

目

まちがいの例

目
一画たりない。

同 県

二年生のまちがえやすい漢字34

順
園

まちがいの例

はねている。

長短が反対。

一画たりない。

遠

まちがいの例

はらっている。

はねている

一画たりない。

歌

まちがいの例

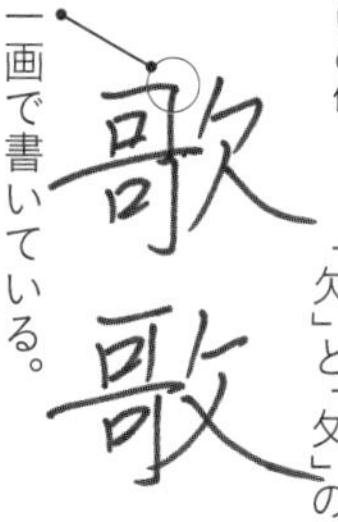

「欠」と「攵」の混同。

一画で書いている。

同 姿

汽

まちがいの例

不要。

「にすい」になっている。「気」との混同。

記

まちがいの例

はねていない。

「己」と「巳」の混同。

同 起

帰

まちがいの例

つきぬけている。

形が違う。

はらっている。

形が違う。

戸

まちがいの例

一画多い。

一画多い。

同 所

黄

まちがいの例

つきぬけていない。

同 笛

才

まちがいの例

書き出しの位置が違う。

同 財

思

まちがいの例

はらっている。

同 急

寺

まちがいの例

長短のバランスが悪い。

点がない。

同 尊

時

まちがいの例

一画多い。

点がない。

位置がおかしい。

首

まちがいの例

一画たりない。

同 道

春

まちがいの例

一画たりない。

一画多い。

書き出しの位置が違う。

順 書

まちがいの例

つきぬけていない。

一画多い。

つきぬけていない。

場

まちがいの例

一画多い。

一画たりない。

同 湯

心

まちがいの例

はらっている。

同 忘

声

まちがいの例

長短が反対。

一画多い。

地

まちがいの例

形が違う。

同 他

線

まちがいの例

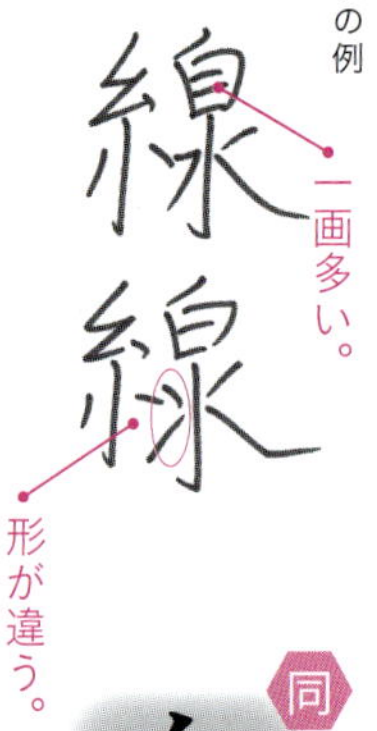
一画多い。
形が違う。

同 泉

船

まちがいの例

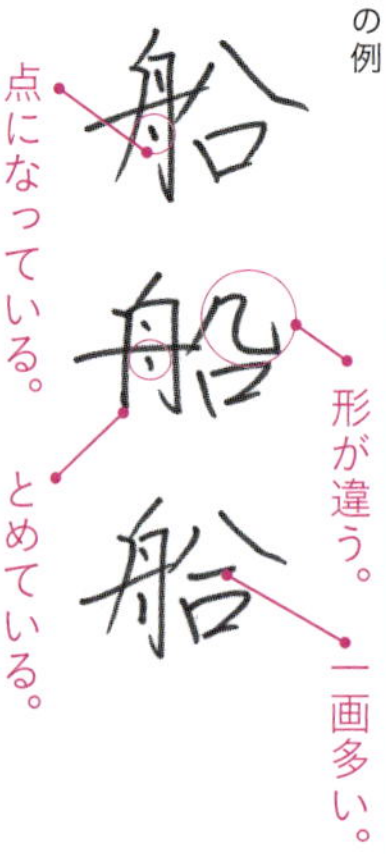
点になっている。
とめている。
形が違う。
一画多い。

雪

まちがいの例

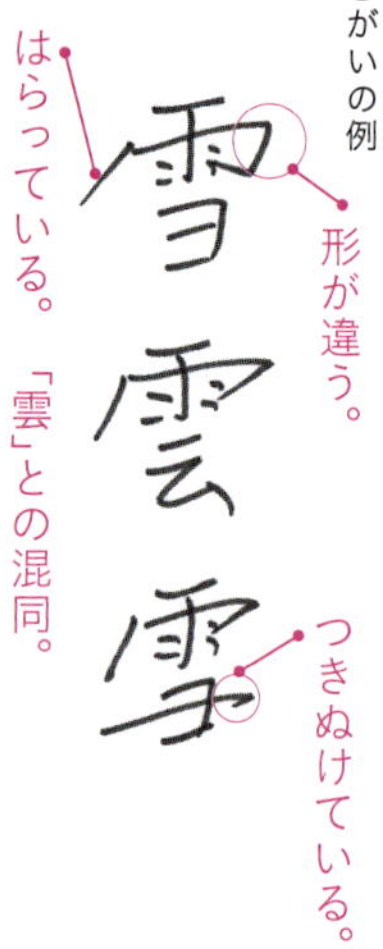
はらっている。
「雲」との混同。
形が違う。
つきぬけている。

晴

まちがいの例

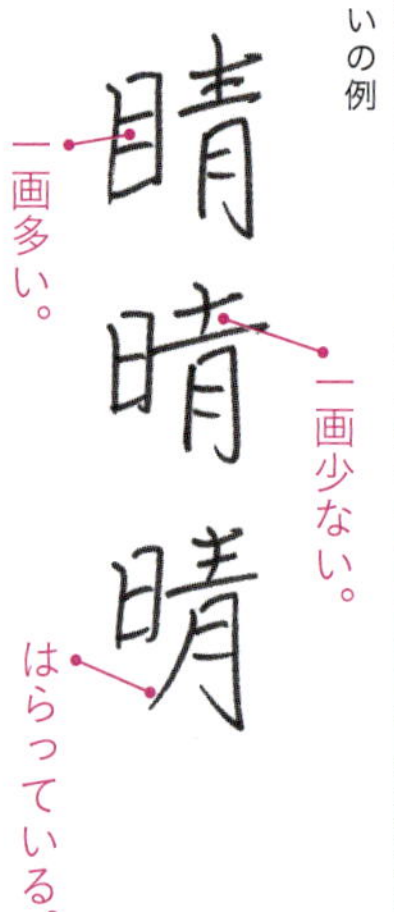
一画多い。
一画少ない。
はらっている。

南

まちがいの例

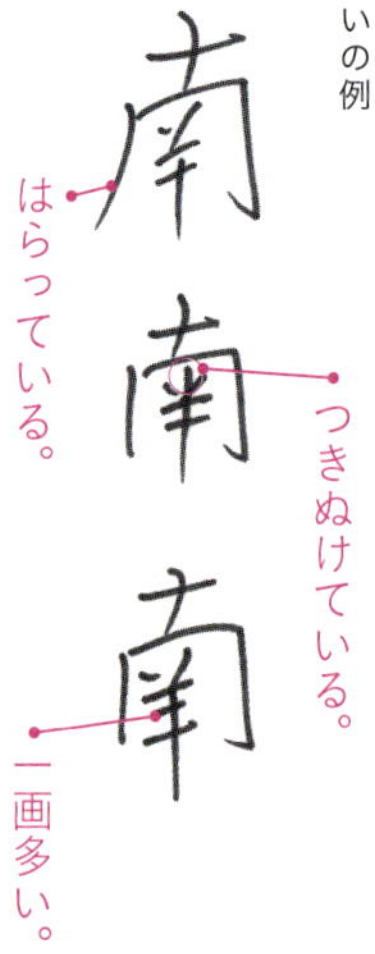
はらっている。
つきぬけている。
一画多い。

読

まちがいの例

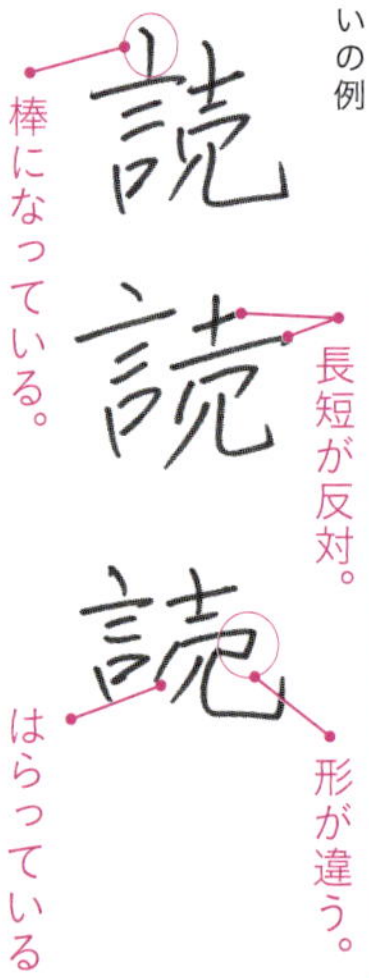
棒になっている。
長短が反対。
はらっている
形が違う。

弟

まちがいの例

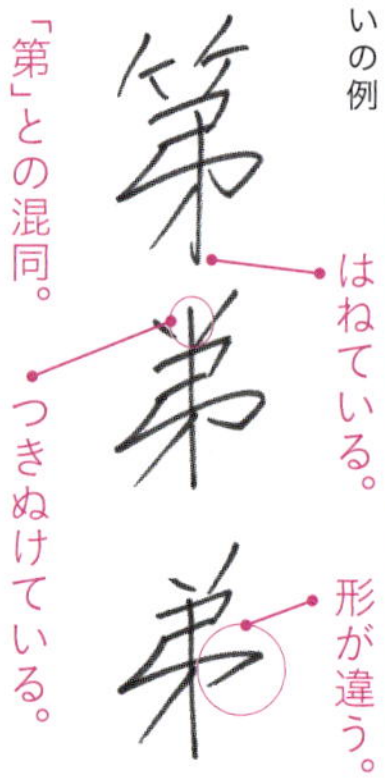
「第」との混同。
はねている。
つきぬけている。
形が違う。

通

まちがいの例

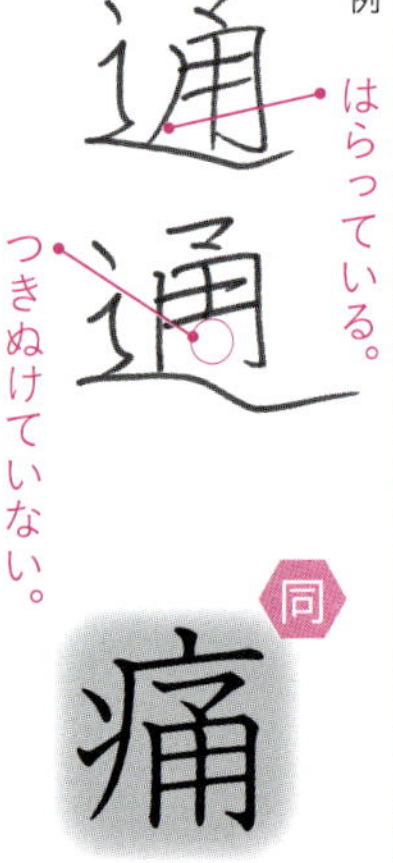
はらっている。
つきぬけていない。

同 痛

池

まちがいの例

形が違う。

※同 施

三年生のまちがえやすい漢字39

売

まちがいの例

長短が反対。

形が違う。

はらっている。

同 続

買

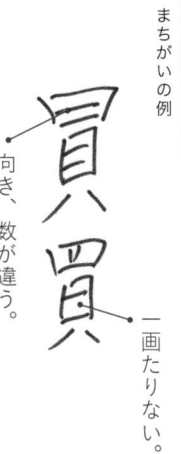

まちがいの例

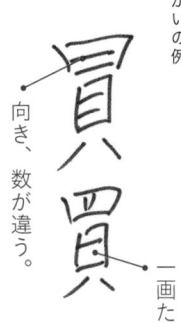

向き、数が違う。

一画たりない。

明

まちがいの例

一画多い。

同 昔

育

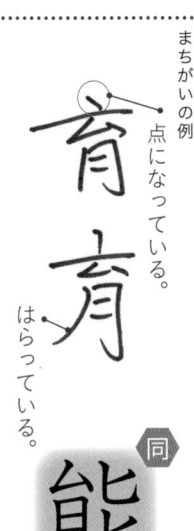

まちがいの例

点になっている。

はらっている。

同 能

門

まちがいの例

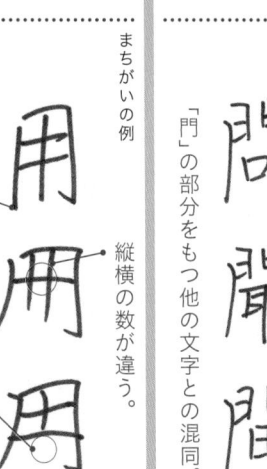

「門」の部分をもつ他の文字との混同。

用

まちがいの例

とめている。

縦横の数が違う。

つきぬけていない。

曜

まちがいの例

一画多い。

向きが違う。

飲

まちがいの例

はらっている。

はらっている。

「欠」と「攵」の混同。

泳

まちがいの例

点がない。

形が違う。

同 永

階

順

まちがいの例

左右が同じ形になっている。

一画たりない。

寒

まちがいの例

形が違う。

点になっている。

一画たりない。

点の向き、数が違う。

業

まちがいの例

数や形が違う。

一画たりない。

幸

まちがいの例

一画多い。

「辛」との混同。

港

まちがいの例

一画多い。

くっついている。

「己」と「巳」の混同。

皿

まちがいの例

出ていない。

不要な点。

仕

まちがいの例

「任」との混同。

「ぎょうにんべん」になっている。

長短が反対。

指

まちがいの例

はねていない。

一画多い。

※同 脂

拾

まちがいの例

一画たりない。

「捨」との混同。

同 給

宿

まちがいの例

形が違う。

はらっている。

一画多い。

同 安

暑

まちがいの例

一画たりない。

一画多い。

同 都

消

まちがいの例

形が違う。

はらっている。

※同 削

勝

まちがいの例

書き出しの位置が違う。

とめている。

一画多い。

乗

まちがいの例

一画多い。

短い。

※同 剰

待

まちがいの例

長短が反対。

「にんべん」になっている。

同 等

第

まちがいの例

形が違う。

はねている。

着

まちがいの例

一画たりない。

一画たりない。

同 直

湯

まちがいの例

不要。

一画多い。

一画たりない。

登

順

まちがいの例

一画たりない。

一画たりない。

同 頭

順

童

まちがいの例

点になっている。

一画たりない。

同 理

順

農

まちがいの例

一画多い。

一画多い。

一画たりない。

波

まちがいの例

形が違う。

形が違う。

「にすい」になっている。

配

まちがいの例

「己」と「巳」の混同。

一画たりない。

同 酸

発

まちがいの例

一画たりない。

つきぬけていない。

※同 廃

皮

まちがいの例

「波」との混同。

形が違う。

形が違う。

つきぬけていない。

悲

まちがいの例

出ない。

はらっていない。

はらっている。

同 俳

美

まちがいの例

一画多い。

長短のバランスが悪い。

筆

まちがいの例

一画たりない。

同 律

氷

まちがいの例

「永」「水」との混同。

表

まちがいの例

一画たりない。

一画たりない。

同 俵

服

まちがいの例

「皮」との混同。

形が違う。

同 報

有

順

まちがいの例

はらっている。

※同 賄

陽

順

まちがいの例

一画たりない。

一画たりない。

同 場

落

まちがいの例

「さんずい」の位置、大きさのバランスが悪い。

形が違う。

旅

順

まちがいの例

はねている。

一画たりない。

緑

まちがいの例

「縁」との混同。

形が違う。

同 録

まちがえやすい部首 その❶

■もとの字との形の違いに注意する

木 → 木 ←とめる きへん

金 → 金 ←とめる ←はらう かねへん

土 → 土 ←はらう つちへん

■筆順に注意する

がんだれ うかんむり はつがしら

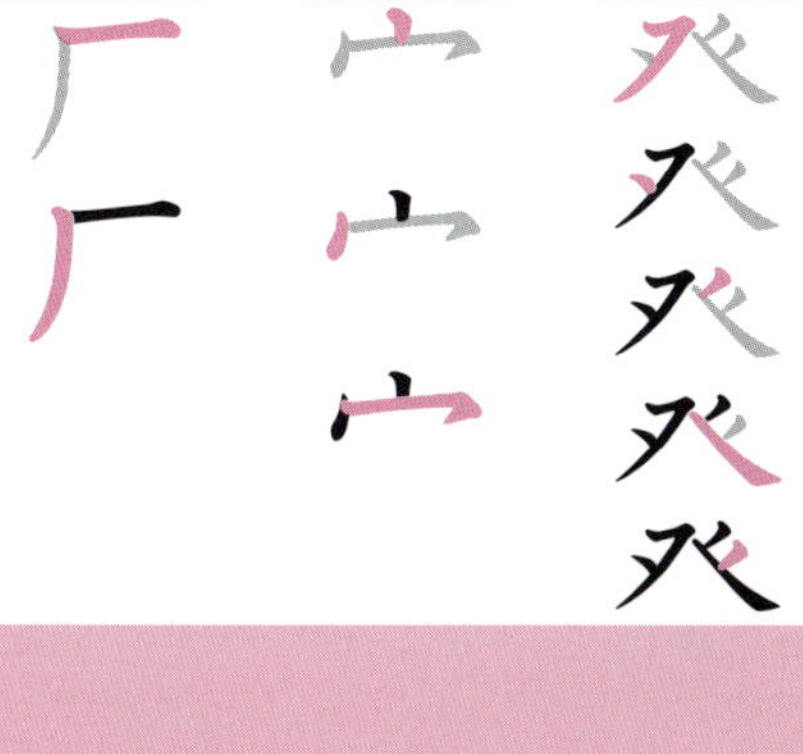

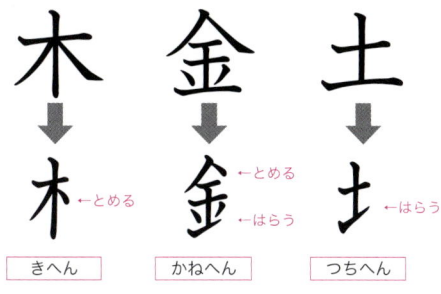

四年生のまちがえやすい漢字38

愛

まちがいの例

棒になっている。
形が違う。
形が違う。
形が違う。

印

まちがいの例

一画多い。
形が違う。
形が違う。

改

まちがいの例

「己」と「巳」の混同。
はねている。
「欠」と「攵」の混同。

械

まちがいの例

「のぎへん」になっている。
点がない。
一画たりない。
一画たりない。

潟

順

まちがいの例

あいていない。
あいていない。
一画多い。
形が違う。

観

まちがいの例

一画たりない。
形が違う。
向きが違う。

岐

まちがいの例

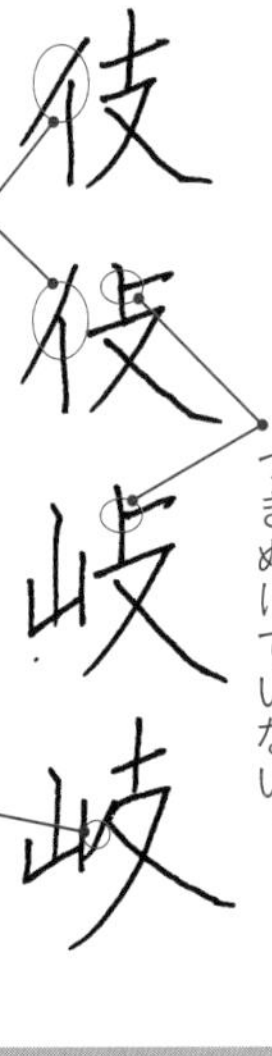

にんべんになっている。
つきぬけていない。
一画多い。

求

まちがいの例

形が違う。
点がない。

同 救

鏡

まちがいの例

とめている。

一画多い。

形が違う。

競

まちがいの例

それぞれ、左右が同じ形になっている。

同 祝

極

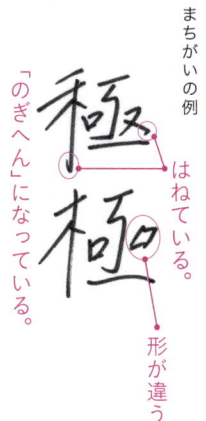

まちがいの例

「のぎへん」になっている。

はねている。

形が違う。

熊

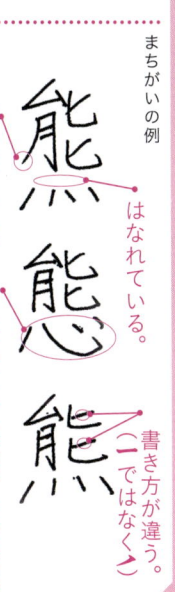

まちがいの例

はらっている。

はなれている。

心になっている。「能」との混同。

書き方が違う。（ニではなくく）

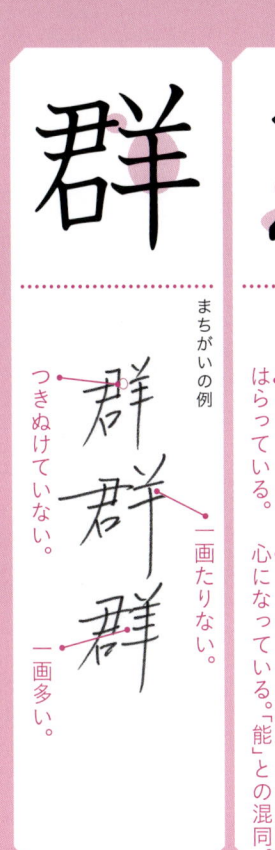

群

まちがいの例

つきぬけていない。

一画たりない。

一画多い。

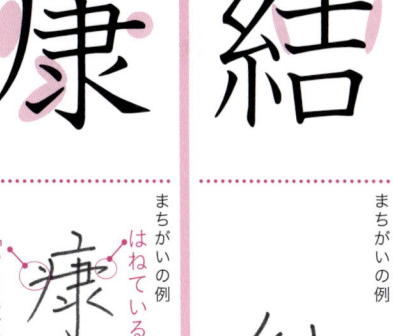

結

まちがいの例

長短が反対。

※同 詰

康

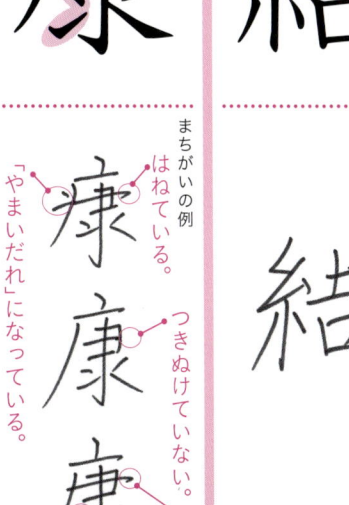

まちがいの例

「やまいだれ」になっている。

はねている。

つきぬけていない。

形が違う。

はねている。

材

まちがいの例

はらっている。

書き出しの位置が違う。

「のぎへん」になっている。

察

まちがいの例

点になっている。

形が違う。

一画たりない。

形が違う。

一画たりない。

参

まちがいの例

書き出しの位置が違う。

向きが違う。

※同 惨

順
清

まちがいの例
「にすい」になっている。
一画たりない。
はらっている。

同
覧

順
臣

まちがいの例
「巨」との混同。

※同
被

初

まちがいの例
「刀」と「力」の混同。
一画たりない。

同
舌

辞

まちがいの例
とめている。

同
放

散

まちがいの例
「攵」と「夂」の混同。
はらっている。

順
栃

まちがいの例
一画多い。
はらっている。
書き方が違う。（ではなく）

達

まちがいの例
一画たりない。
一画多い。
長短が反対。

卒

まちがいの例
「率」との混同。
点になっている。
長すぎる。

順
積

まちがいの例
はらっている。
一画たりない。
「貝」と「見」の混同。

順
静

まちがいの例
はらっている。

※同
請

念

まちがいの例

はねている。

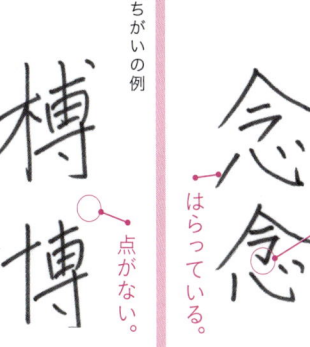

はらっている。

※同 含

博

順

まちがいの例

点がない。

「きへん」になっている。

※同 敷

阪

順

まちがいの例

方になっている。

つちへんになっている。

とめている。

飛

順

まちがいの例

とめている。

一画たりない。

阜

順

まちがいの例

形が違う。

形が違う。

位置が違う。

包

まちがいの例

形が違う。

「己」と「巳」の混同。

同 胞

末

まちがいの例

長短が反対。

「未」との混同。

同 来

満

まちがいの例

長短が反対。

未

まちがいの例

長短が反対。

「末」との混同。

輪

まちがいの例

一画たりない。

縦横の数が違う。

「用」になっている。

つらぬいている。

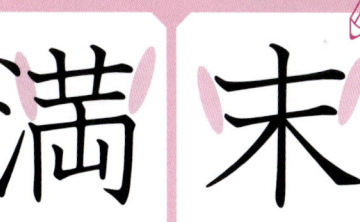

五年生のまちがえやすい漢字26

衛

まちがいの例

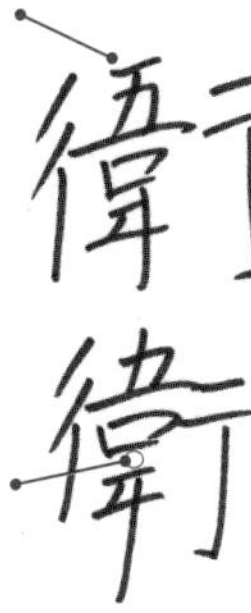

一画多い。

つきぬけていない。

同 違

易

まちがいの例

一画多い。

一画多い。

※同 賜

往

まちがいの例

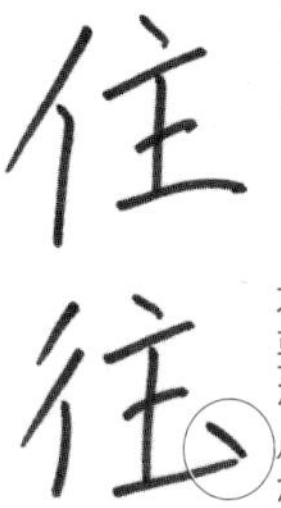

「住」との混同。

不要な点がある。

同 柱

解

まちがいの例

「刀」と「力」の混同。

つきぬけている。

「牛」と「午」の混同。

確

まちがいの例

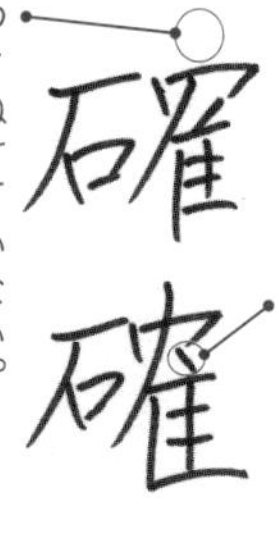

つきぬけていない。

向きが違う。

※同 鶴

眼

まちがいの例

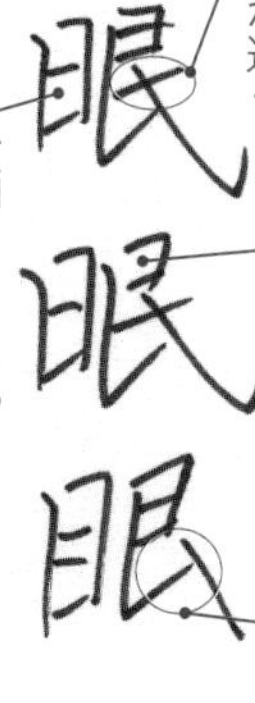

形が違う。

一画たりない。

「民」との混同。

形が違う。

基

まちがいの例

一画たりない。

出ている。

書き出しの位置が違う。

険

順

まちがいの例

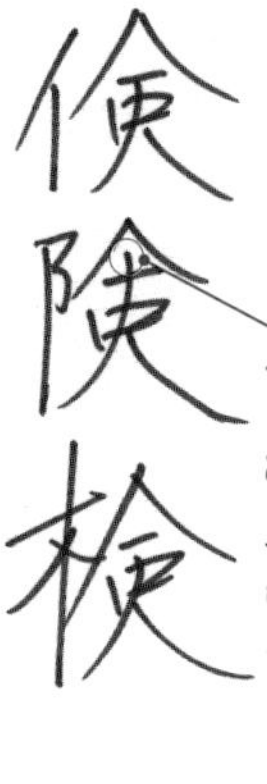

「倹」との混同。

つきぬけている。

「検」との混同。

検

まちがいの例

つきぬけている。

「のぎへん」になっている。「倹」との混同。

耕

まちがいの例

不要な点がある。

はらっている。

一画たりない。

構

まちがいの例

一画たりない。

形が違う。

「のぎへん」になっている。

混

まちがいの例

一画多く、向きも違う。

左右が同じ形になっている。

賞

まちがいの例

「員」と「見」の混同。

形が違う。

情

順

まちがいの例

はらっている。

はねている。

同 快

祖

まちがいの例

出ていない。

一画たりない。

「ころもへん」になっている。

「旦」との混同。

態

まちがいの例

上下のバランスが悪い。

はらっている。

「熊」との混同。

任

まちがいの例

長短が反対。

「仕」との混同。

※同 妊

犯

順

まちがいの例

「巳」との混同。

つきぬけている。

※同 範

版

まちがいの例

はねている。

同 片

比

まちがいの例

それぞれ、左右が同じ形になっている。

同 批

備

まちがいの例

「ぎょうにんべん」になっている。

縦横の数が違う。

複

まちがいの例

「しめすへん」になっている。

一画たりない。

形が違う。

一画多い。

編

まちがいの例

つきぬけている。

縦横の数が違う。

一画たりない。

報

まちがいの例

一画多い。

はらっている。

「皮」との混同。

脈

まちがいの例

とめている。

はねている。

同 派

夢

まちがいの例

つながっている。

一画多い。

形が違う。

六年生のまちがえやすい漢字45

胃

まちがいの例

一画たりない。

はらっている。

宇

まちがいの例

形が違う。

形が違う。

点になっている。

はらっている。

同 守

延

まちがいの例

「廷」との混同。

同 誕

灰

順

まちがいの例

不要な棒。

同 炭

巻

まちがいの例

一画多い。

書き出しの位置が違う。

つきぬけていない。

「己」と「巳」との混同。

看

まちがいの例

一画多い。

とめている。

一画たりない。

危

まちがいの例

形が違う。

形が違う。

「巳」になっている。

胸

まちがいの例

一画たりない。

とめている。

已

まちがいの例

「巳」との混同。

二画になっている。

同 紀

絹

まちがいの例

はらっている。

はらっている。

同 級

券

まちがいの例

書き出しの位置が違う。

一画多い。

つきぬけていない。「刀」と「力」の混同。

激

まちがいの例

「欠」と「攵」の混同。

一画多い。

点になっている。

同 故

系

まちがいの例

とめている。

はらっている。

はねている。

承

順

まちがいの例

一画たりない。

形が違う。

同 蒸

捨

まちがいの例

長短が反対。

とめている。

「拾」との混同。

穀

まちがいの例

長短が反対。

はねていない。

形が違う。

降

順

まちがいの例

つきぬけていない。

一画たりない。

孝

まちがいの例

「考」との混同。

※同 酵

順 専

まちがいの例

不要な点がある。

宣

まちがいの例

一画たりない。

形が違う。

はらっている。

※同 喧

順 垂

まちがいの例

一画たりない。

一画多い。

※同 睡

蒸

まちがいの例

形が違う。

長すぎる。

傷

まちがいの例

一画たりない。

「ぎょうにんべん」になっている。

形が違う。

賃

まちがいの例

「見」との混同。

長短が反対。

同 任

腸

まちがいの例

とめている。

一画多い。

一画たりない。

窓

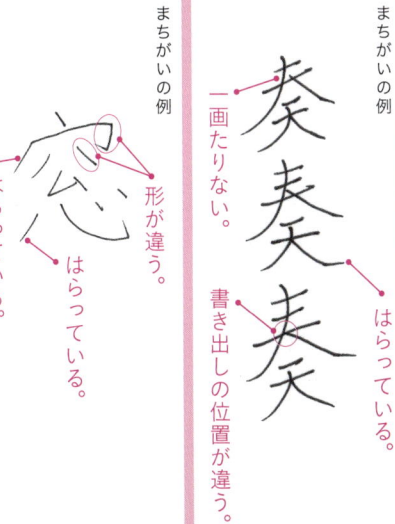

まちがいの例

形が違う。

はらっている。

はらっている。

奏

まちがいの例

一画たりない。

はらっている。

書き出しの位置が違う。

銭

まちがいの例

とめている。

一画たりない。

点がない。

展

まちがいの例

とめている。

一画多い。

一画多い。

難

順

まちがいの例

向きが違う。

一画多い。

はらっている。

同 雑

派

まちがいの例

とめている。

同 脈

拝

順

まちがいの例

一画たりない。

とめている。

「羊」との混同。

批

まちがいの例

それぞれ、左右が同じ形になっている。

同 陛

腹

まちがいの例

とめている。

一画多い。

一画たりない。

陛

順

まちがいの例

それぞれ、左右が同じ形になっている。

同 批

閉

まちがいの例

書き出しの位置が違う。

とめている。

同 材

片

まちがいの例

とめている。

形が違う。

はねている。

補

まちがいの例

「しめすへん」になっている。

点がない。

はらっている。

順

覧

まちがいの例

「巨」との混同。

長短が反対。

「貝」との混同。

優

まちがいの例

一画たりない。

はなれている。

一画たりない。

順

郵

まちがいの例

一画多い。

同 垂

棒

まちがいの例

一画たりない。

書き出しの位置が違う。

つきぬけていない。

暮

まちがいの例

書き出しの位置が違う。

一画多い。

一画たりない。

まちがえやすい部首　その❷

■形が似ていてまちがえやすい部首

衤	ころもへん	初など
礻	しめすへん	社など
亻	にんべん	仕など
彳	ぎょうにんべん	往など
广	まだれ	広など
厂	がんだれ	原など
疒	やまいだれ	病など
宀	うかんむり	安など
冖	わかんむり	写など
⺍	つかんむり	学など
⺍		賞など

順

論

まちがいの例

棒になっている。

一画たりない。

縦横の数が違う。

順

裏

まちがいの例

点になっている。

一画たりない。

一画たりない。

漢字に挑戦！の答え

29ページ　漢字に挑戦！1

①（例）その蔵を訪ねると、私は裏側の警備を任された。そこは寒く、暖房がほしいほどだった。しかも蚊が群れている。だれもここに来たがらない訳が納得できた。

②（例）

蔵…蔵の中に食料を貯蔵する。

暖…暖房をつけていないのに暖かい。

納…納税者として納得できない。

訪…彼の家は家庭訪問で訪ねたことがある。

訳…私が翻訳家になった訳。

裏…お内裏様の裏側。

群…馬の群れを群集が見ている。

任…担任の先生に任せる。

備…災害に備え、ふだんから準備しておく。

解説

このような「漢字遊び」は、漢字に親しむのに最適です。正解は一つではありません。いろいろ工夫して楽しんでください。

34・35ページ　漢字に挑戦！2

①北海道　②青森県　③岩手県
④宮城県　⑤秋田県　⑥山形県
⑦福島県　⑧茨城県　⑨栃木県
⑩群馬県　⑪埼玉県　⑫千葉県
⑬東京都　⑭神奈川県　⑮新潟県
⑯富山県　⑰石川県　⑱福井県
⑲山梨県　⑳長野県　㉑岐阜県
㉒静岡県　㉓愛知県　㉔三重県
㉕滋賀県　㉖京都府　㉗大阪府
㉘兵庫県　㉙奈良県　㉚和歌山県
㉛鳥取県　㉜島根県　㉝岡山県
㉞広島県　㉟山口県　㊱徳島県
㊲香川県　㊳愛媛県　㊴高知県
㊵福岡県　㊶佐賀県　㊷長崎県
㊸熊本県　㊹大分県　㊺宮崎県
㊻鹿児島県　㊼沖縄県

41ページ　漢字に挑戦！3

閉、孫、胃、名、岩（順不同）

解説

・閉…「才」は、門を閉じる木材を表す。

・孫…糸は飾り糸。祖父を祭るときに、代わりに孫に飾りをつけて祭ったことから。

・胃…田は胃の形を表し、体に関係があることなので、にくづきがついている。

・名…夕方の暗闇で、自分の名を名乗ったことから。「夕」は「肉」が変形したもので、神に肉を供えて名をつける儀式を行ったからという説も。

・岩…連なった「山」の象形と崖の下に落ちている「石」の象形から山を形成する「岩」が、成り立った。

43ページ　漢字に挑戦！4

①勇　②郷　③以　④厳　⑤予　⑥我　⑦乗　⑧冊

解説

漢字を二つの部分に分けるときには、一般的には、部首とそれ以外の部分に分けます。

45ページ　漢字に挑戦！5

①ちから　②つき　③こ

④おおがい　⑤さんずい　⑥つち

⑦ぎょうがまえ　⑧つち

解説
どの漢字も、部首に見える部分が部首ではないことに注意しましょう。形声文字の部首については、「秘伝十」（38ページ）も参照してください。

47ページ　漢字に挑戦！6

①君　②東　③直　④里
⑤立　⑥采　⑦主　⑧王

解説
「練」の音符「柬」は、「ひがし」ではなく、「東」の省略形です。
「裏」の「なべぶた」以外の部分は、「里」と「衣」が組み合わさってできており、そのうちの「里」が音符となります。
「住」の「つくり」、つまり音符は「主」ですが、「往」は「主」ではなく「王」に点がついたものです。見た目は同じですが、成り立ちが違います。

49ページ　漢字に挑戦！7

①悔いた　②悔しい　③恋しい
④恋人　⑤帯びた　⑥帯　⑦煙
⑧煙たく　⑨着物　⑩着た
⑪恥ずかしい　⑫恥　⑬光る
⑭光

解説
送りがなの原則は「活用語尾から送る」ですが、いくつかの例外があります。

96ページ　漢字に挑戦！8

①とめ（晴）　②とめ（奏）
③とめ（遠）　④はらい（胸）
⑤はね（円）　⑥はね（帰）

解説
とめ・はね・はらいは、ついいいかげんになってしまいがちです。ふだんから細かい部分にも注意するようにしましょう。

96ページ　漢字に挑戦！9

①7画目　②1画目　③6画目
④9画目　⑤11画目　⑥1画目

解説
「世」「馬」「平」「米」や、「こざとへん」「おおざと」などは、筆順や画数をまちがえやすいので注意してください。

100ページ　漢字に挑戦！10

①学（かんむりの右側の形）
校（きへんの右側のとめ）
②青（月のように左側をはらわない）
空（あなかんむりの右側をはらわない）
③春（右はらいの書き出しの位置）
④場（日の下の横画を忘れない）
⑤発（元ではない）
売（右側の二か所のはね）
⑥結（つくりの横画の長短）
⑦達（横画の本数）
成（左にはらう画）
⑧包（つつみがまえの形）
⑨基（左右のはらいの書き出しの位置）
⑩祖（ころもへんではない、つくりは目ではない）
⑪比（左右が同じ形ではない）
⑫夢（くさかんむりを下の部分につなげてしまわない）
⑬衛（中央の部分の形）
⑭編、集（共に縦画、横画の本数）
⑮延（壬ではない）
期（其の左右をつき出さない）
⑯往（主の上は棒ではなく点）
復（複との誤り）
⑰傷（ぎょうにんべんではない）
⑱専（右上の点は不要）
門（「門」と「問」との混同）
⑲補（しめすへんではない、右上に点が必要）
⑳閉（左はらいの書き出しの位置）

おわりに

令和2年度から実施される学習指導要領は、「子どもたちが、学習の基盤となる知識・技能をきちんと学び、この力を糧として子ども自身が主体的に自分の考えをもち、対話ができるようにすることで、新しいものの見方や考え方、知識・技能を習得するという『深い学び』を目指す。さらに、この知識・技能をさまざまな学習や生活の中で生きる力として自分自身を豊かにすることができる『汎用的な力』としていく」ものとなっています。

「思考力」「判断力」「表現力」の重視や、「主体的、対話的で深い学び」といったフレーズが話題になることが多く見られますが、基盤となる基本的な「知識・技能」の習得も、それらと同様に大切であることが示されていると言っていいでしょう。

漢字は、小学校の国語で習得すべき知識・技能の中でも重要なものの一つであることは確かです。にもかかわらず漢字指導に関しては、その指導方法が確立されていないどころか検討の俎上にのることすらめったにない——という状況が、残念ながら続いているのです。

学習指導要領では、「汎用性」もキーワードの一つとなっています。

漢字指導に関しては「汎用性」は関係ない——とお考えの方も少なくありません。しかしそれは、「なぜ、そのように書くのか？」「なぜ、そのようになるのか？」という「きまり」に触れようとしない旧態依然とした漢字指導であると言わざるを得ません。

そのような指導では、個々の文字を教えることはできても、漢字の世界を子どもたちと共有する「漢字指導」にはなっていないのです。

教育についてさまざまな議論がなされている昨今、私たち教師は漢字指導をどうとらえ、どう取り組んでいくべきなのか、その姿勢が改めて問われていると言っていいでしょう。古くて新しい問題——それが漢字指導なのです。

本書においては、漢字指導で必要なさまざまなきまりを取り上げてみました。また、子どもたちが日々の漢字学習を興味をもって、自分の力で取り組めるようにと考え、さまざまな視点から漢字や平仮名、片仮名を見つめ、そのおもしろさを探ってみました。

漢字のきまりの分類やさまざまなきまりについては、いろいろなとらえ方がありますが、本書で取り上げた分類やきまりは、子どもたちが楽しく、わかりやすく理解できるようにと考えて、一つのとらえ方として挙げました。ここに挙げた分類やきまりが全てではありません。もっと、他にもいい方法があるかも知れませんが、一つの方法、考え方として受け止めていただければ幸いです。

本作は平成26年に発刊した「国語授業を変える『漢字指導』」の改訂新版です。お陰様で旧作は多くの教育現場で活用していただいていると聞いております。そこで、学習指導要領が改訂となって以降も齟齬なく使っていただけるよう、内容の一部修正と増補を行ったものです。

最後になりましたが、旧作発刊の際、ご意見、アイデアをいただいた文溪堂の佐竹哲夫様、また、旧作、本作という二度にわたる発刊の機会を与えてくださった、同じく文溪堂の岸 保好様、そして、協力してくれた装文社の金子聡一様にお礼申し上げます。

ありがとうございました。

令和元年12月

明星大学教授
白石範孝

著者紹介

白石《しらいし》 範孝《のりたか》

1955年鹿児島県生まれ。

東京都の小学校教諭、筑波大学附属小学校教諭を経て、現在、明星大学教育学部教授。著書に、『白石範孝のおいしい国語授業レシピ』『白石範孝の国語授業のフルコース』『国語授業を変えるシリーズ「用語」「方法」「原理・原則Ⅰ説明文編」「原理・原則Ⅱ物語・詩篇」』（文溪堂）、『白石範孝の国語授業の教科書』（東洋館出版社）など多数。

参考文献：『新字源　改訂版』（角川書店）

『白川静博士の　漢字の世界へ――小学校学習漢字解説本』
福井県教育委員会（平凡社）

『教師のためのきれいな字を書く六度法１週間レッスン』
富澤敏彦（旬報社）

『新しい漢字学習法　漢字音符字典　増補改訂版』山本康喬（東京堂出版）

デザイン・DTP：野澤義彦（有限会社野澤デザインスタジオ）
菅原純子（スガワラデザイン）

図版：熊アート

イラストレーション：田中草樹

編集協力：金子聡一（株式会社装文社）

新 国語授業を変える「漢字指導」

2019年12月　改訂新版第1刷発行

2021年12月　改訂新版第2刷発行

編著者　白石範孝

発行者　水谷泰三

発行所　株式会社文溪堂

東京本社／東京都文京区大塚 3-16-12　〒112-8635
TEL（03）5976-1311（代）

岐阜本社／岐阜県羽島市江吉良町江中 7-1　〒501-6297
TEL（058）398-1111（代）

大阪支社／大阪府東大阪市今米 2-7-24　〒578-0903
TEL（072）966-2111（代）

ぶんけいホームページ　http://www.bunkei.co.jp/

印刷・製本　サンメッセ株式会社

ISBN 978-4-7999-0361-2　NDC375　128P　257mm × 182 mm